大家小书

中国政治思想史

吕思勉 著

北京出版集团公司
北京出版社

图书在版编目（CIP）数据

中国政治思想史 / 吕思勉著 . — 北京 ：北京出版社，2016. 7

（大家小书）

ISBN 978-7-200-11976-3

Ⅰ. ①中… Ⅱ. ①吕… Ⅲ. ①政治思想史—中国 Ⅳ. ①D092

中国版本图书馆CIP数据核字（2016）第064830号

总策划：安 东 高立志 责任编辑：陶宇辰

· 大家小书 ·

中国政治思想史

ZHONGGUO ZHENGZHI SIXIANG SHI

吕思勉 著

*

北京出版集团公司
北京出版社 出版

（北京北三环中路6号 邮政编码：100120）

网 址：www.bph.com.cn

北京出版集团公司总发行

新华书店经销

北京华联印刷有限公司印刷

*

880毫米×1230毫米 32开本 7.125印张 120千字

2016年7月第1版 2018年5月第3次印刷

ISBN 978-7-200-11976-3

定价：28.00元

质量监督电话：010-58572393

序　言

袁行霈

“大家小书”，是一个很俏皮的名称。此所谓“大家”，包括两方面的含义：一、书的作者是大家；二、书是写给大家看的，是大家的读物。所谓“小书”者，只是就其篇幅而言，篇幅显得小一些罢了。若论学术性则不但不轻，有些倒是相当重。其实，篇幅大小也是相对的，一部书十万字，在今天的印刷条件下，似乎算小书，若在老子、孔子的时代，又何尝就小呢？

编辑这套丛书，有一个用意就是节省读者的时间，让读者在较短的时间内获得较多的知识。在信息爆炸的时代，人们要学的东西太多了。补习，遂成为经常的需要。如果不善于补习，东抓一把，西抓一把，今天补这，明天补那，效果未必很好。如果把读书当成吃补药，还会失去读书时应有的那份从容和快乐。这套丛书每本的篇幅都小，读者即使细细地阅读慢慢地体味，也花不了多少时间，可以充分享受读书的乐趣。如果把它们当成补药来吃也行，剂量小，吃起来方便，消化起来也容易。

我们还有一个用意，就是想做一点文化积累的工作。把那些经过时间考验的、读者认同的著作，搜集到一起印刷出版，使之不至于泯没。有些书曾经畅销一时，但现在已经不容易得到；有些书当时或许没有引起很多人注意，但时间证明它们价值不菲。这两类书都需要挖掘出来，让它们重现光芒。科技类的图书偏重实用，一过时就不会有太多读者了，除了研究科技史的人还要用到之外。人文科学则不然，有许多书是常读常新的。然而，这套丛书也不都是旧书的重版，我们也想请一些著名的学者新写一些学术性和普及性兼备的小书，以满足读者日益增长的需求。

“大家小书”的开本不大，读者可以揣进衣兜里，随时随地掏出来读上几页。在路边等人的时候，在排队买戏票的时候，在车上、在公园里，都可以读。这样的读者多了，会为社会增添一些文化的色彩和学习的气氛，岂不是一件好事吗?

“大家小书”出版在即，出版社同志命我撰序说明原委。既然这套丛书标示书之小，序言当然也应以短小为宜。该说的都说了，就此搁笔吧。

深切的怀念，难忘的教诲

方德修

我忝列吕师门墙，始自一九三六年春，当时在光华大学就读二年级。必修课以外，选读了先生所授的《中国政治制度史》。后又陆续选读了《中国政治思想史》《中国中古史》和《史籍名著选读》。毕业后留校工作期间，仍经常旁听先生的课。先生讲课既不像一般老教授那样端坐讲学，更不像有些老师那样照本宣读。先生一上课，便从衣袋内掏出支粉笔，在黑板上写出将要讲的内容提纲。讲完一节，又写一节再接着讲。粉笔用完一支又掏出一支。漫步讲台，不倦地讲，直讲到下课铃声响。从不说一句课外话。讲授的方法，用先生自己的话说，则是“讲明”和“讲贯”。讲授的内容，并不全照先生自编的教材。即使是旧课，也不重复。每讲一次都有其新的独到见解；但从不哗众取宠，更不作惊人的怪论。先生教导我们，学术研究和做工不同，不能由师傅作具体示范，只能经老师指点，自己边学边领会。还生动地举前人诗句："鸳鸯绣出凭君看，不把金针度与人。"继又下转语说："金针线迹分明在，但把鸳鸯仔细看。"先生在所著《中学历史教学实际问题》一文中说："能明乎社会学，则研治历史，若探骊而得珠；而教授史学之道，亦不外是也。故今日之教授历史，竟不妨以社会学为之经，而历史转若为其纬。引社会学以解释历史，同时即以历史证明社会学之公例，二者如辅车之相依也。"①当时，我正在阅读列昂节夫的《政治经济学》②，该书第二、三章，即后来的《社会发展史》所本，两相对照，印证极深。至今记忆犹新。我所学的专业是社会学，自此颇爱读历史书籍。老师的教诲，是毕生难忘的。当时虽将先生在课堂里写出的讲授提纲及口头讲解，作了笔记，不少内容在先生的著作和讲义中是找不到的，可惜后来都失落了。

先生熟读史籍，博览群书，但却一贯反对为学术而学术。尝说："予虽教人读书，并不主张脱离实际。且恒戒学者：学问在空间，不在纸上。"③

---

①《江苏教育》六卷一、二期，一九三七年二月。

② 张仲实译本，抗日战争前，上海生活书店版。

③《自述》（《三反及思想改造学习总结》节本），载《常州文史资料》第五辑，一九八四年十月。

先生早岁研读经学、文字学，也颇受乡先辈今文经学的影响，而先生治学并无门户之见，但求实事求是而已，且能随时代前进。尝治经学、小学，“但至后来，仅成为予治古史之工具耳，不足专门名家，于思想亦无大关系”[①]。先生《自述》：“予之思想，凡经三大变：成童时，最信康梁之说……此时所笃信而想望者，为大同之境及张三世之说……（其后）只服膺法家耳。……尤为术家。……此予第二期思想也。马列主义初入中国，予即略有接触，但未深究。年四十七（按时当一九三〇年）……予乃读之稍多，于此主义，深为服膺。益予夙抱大同之愿，然于其可致之道，及其致之之途，未有明确见解，至此乃如获指针也。”正是由于对马列主义的“深为服膺”，冀求“大同之愿”的早日实现，故抗战期间能在日寇铁蹄下，艰难环境中写出“圣哉马克思，观变识终始，臧往以知来，远瞩若数计”[②]这样的诗句，这更说明先生的思想是随时代而不断前进的。

先生的治学态度是极其认真严肃的。先生曾教导我们，在读书之初，先将《四库全书提要》阅读一过，于学术全体作一

---

①《自述》（《三反及思想改造学习总结》节本），载《常州文史资料》第五辑，一九八四年十月。

②《再示荣女》，载《诚之诗稿》，油印本。

鸟瞰，它固然不足以尽今日的旧学，但对旧学的大概，究能得十之八九，是不为无益的。但先生却反对读书只读序言、摘要、节本。说："有用无用，因各人的见解而不同；学问上的发明，正从人所不经意之处悟入——读书所以忌读节本——况且看似无用，其中仍包含有用的材料。或易一方面言之，即为有用。"[①]先生又教诲我们读经史要细读注疏，不能跳过不看。不过他也认为有许多好的选本，有良好的圈点，肯用心研究也是有益的。又如，先生在写作时引用即使是亲手抄录的史料，也必再加一番覆核功夫。

先生精于考据，对清代乾嘉学派有所继承，也有所不同。他治学目的，不像乾嘉学者的为考据而考据，而是为了还历史本来面目，对社会历史发展做出具体分析，而提出自己的见解。先生对顾亭林先生很钦佩，而顾先生正是一位如他自己所说的"考古论今求济世安民略，登山临水抱体国经野心"的学者。先生还在《自述学习历史的经过》一文中说过："人家都说我治史喜欢讲考据，其实我是喜欢讲政治和社会各问题的。不过现在各种社会科学都极精深，我都是外行，不敢乱谈，所

①《怎样读中国历史》，载《出版周刊》第一〇二期，一九三四年十一月。

以只好讲讲考据罢了。”[①]

一九四七年春，我和光华两位老同学合办《学风半月刊》，先生应我们之请撰写《发刊辞》：

> “人心之转变，由于环境；环境之造成，由于制度。求移易人心者，不可不改革制度，以变换其环境。然制度的改革，亦必人心先有相当的信向，乃能见功。苏联的革命，固然是改革制度，以移易人心的好例，然其原动力，亦仍由于社会党人之不断鼓吹，即其明证。”

当时，黄师任之（炎培）先生看到这篇发刊辞文笔如此老练，问是谁写的。我告以“是诚之先生所作”。他听了频频点头说：“难怪难怪”；并取其意写了下面一幅楹联勖勉我：

> 风气转移匹夫有责
> 理性控制为学成功

我至今珍藏着。先生为《学风》创刊号，还写了篇针砭时

① 《中美日报》，一九四一年三月十六日。

弊的论文——《如何根治贪污》。以史家的立场，引用不少罕见史料，分析这种政治积弊的根源。在当时时论之中，是很有分量的好文章。在第二卷第一期，先生应我们的请求，发表了一篇读史札记：《行钞奇谈，伪钞奇技》。这是颇有学术价值的文章。我们当时只顾办好刊物，请先生写《三国史话》那样的长篇连载，没计及先生当时已是六十多岁的高龄老教授，且素来体弱，除担任繁重的课务以外，业余还专心致力写作第四部断代史——《隋唐五代史》，这种不情的请求，今日回想起来，实在太孟浪了。先生为支持我们编好刊物，还是顺应我们的要求，拟写长篇《史情》。《史情》之一，便是《中国人为什么崇古》，刊于《学风》第一卷第三期。一九四六年，先生还为我所写的，后由上海开明书店出版的《东北地方沿革及其民族》一书作序。这些都是使我毕生难忘的。先生对后学的提挈，都极感人。

先生在所著《先秦史》中曾说：地下古物“足以补记载之缺而正其伪，实通古今皆然，而在先秦史及古史茫昧之时，尤为重要”[①]。由此可见，先生是重视甲骨、金石文以及古器物的研究成果的。其所以在古史研究上未予运用，我们认为这得

①《先秦史》第五页，一九八二年上海古籍出版社第一版。

从先生的历史条件来看。在旧时代，对古文物的发掘、收藏及整理，不是被帝国主义者直接掠夺并满载而去，便是由私人盗窃，经骨董商贩之手，或偷运国外，或流入私家。先生对此曾慨叹说："山岩压壁之藏，以及据地所得，彼所根据，实较吾侪为多。"①而我们所能见到的，为数不多的甲骨、金石等，其中又有些是赝品，其考释文字有的也未成定论。因此，先生尝说："求诸金石遗器，其所得，诚或出于许书以前，然师传久绝，以意识读，不能无误；又其器亦不能无讹；亦未可专恃也。"②在旧中国，不是在专门的学术机关，或是自己富有收藏，是颇难研究金文、甲骨的。先生一生的著述，都全靠他一人之力写成，并无助手，有时学生们主动请求为他抄抄写写，他总是笑谢了。而一个人的时间和精力是有限的。先生秉着"不知为不知"的态度，不贸然引用，这正说明先生治学态度的严谨。

先生的渊博学识，还同他一生珍惜时间是分不开的。光华大学还在大西路时，全校师生员工多半在校门外小饭馆中就餐。那时，只要在饭馆中遇到先生，我总见他在边就餐边阅读

---

①《秦代初平南越考之商榷》，载一九三四年《国学论衡》第四期。

②《说文解字文考·序二》，载《文字学四种》，一九八五年上海人民教育出版社第一版。

书报。先生住在教员宿舍，除去上课，从早到晚都在写作，直到晚年也是如此。这种勤勉治学的精神，实在是我们后学的楷模。在抗战初期，先生全家居住在上海霞飞路兰村，为避免同学们拜访他费时，乃倡议于每个星期日上午，先是在霞飞路一家茶室，后改在八仙桥基督教青年会二楼茶室喝早茶，与同学们晤谈。这“例会”，直到太平洋战争爆发方停。抗战胜利后尚一度恢复。（曾闻老学长说，抗战前就如此。）当时，去的同学经常多达二三十人。大伙围着长桌坐着，同先生相对叙谈，往往能听到在课堂里听不到的宏论，对有些学术上的问题，谈得更深入，更亲切。这是我们请益受教的最佳时刻，也是先生教育学生的一种好方法。

先生一生平等待人，总是抱着与人为善的仁者态度，与人谈话，无论对方是旧交还是新识，也不问对方的地位高或低，都耐心地倾听对方的畅所欲言。先生虽说话不多，但句句出诸肺腑，没有半句应酬客套，更从不虚与委蛇。解放后，我有一次到先生宿舍，见到一位陌生客人在与先生长谈，也是如此。经先生介绍，才知道是周谷城先生。我第一次到先生宿舍拜谒，是在一九三六年，请先生赐我一个“号名”。不几天，便由同学交给我一封先生的手教。信中，先生称我为“老友”。一位德高望重的老教授，对一个青年学子不以良师而以益友自居，这除使我深感先生的谦虚外，更感到有一股热流遍及我全身。这是先生给我的第一封信，连同以后给我的二三十封信及所附诗稿，我一直珍藏了几十年，不幸全在十年动乱中毁于一旦。

抗战初期，先生曾赐我一箑面上书黄仲则《都门秋思》。我每一读到“全家都在风声里，九月衣裳未剪裁”等句，便感到先生之所以录写这诗句的悲天悯人、忧国忧民的情怀。一九四一年春，先生书赠我一立轴。上写近人咏史诗两章。以“狐狸挺荒邱”形象当时“孤岛”上海的群丑跳梁，借“折腰宁食贫”明志。翌年先生便回常州故居，在游击区所办两所中学任课，奔波两地，备极辛劳，而全家生活却依靠微薄教薪，其后一度全赖开明书店预支稿费勉强维持。我曾多次致信探问，先生均回说过得去。抗战胜利后，我有一次去常州拜望先生，蒙先生邀来一位原籍皖南的长者相陪，因系同乡，在话旧中这位长者向我谈及，先生在抗战时期，为了缓解生计问题，曾将藏书放在他的铺子中寄售。先生自奉俭约，待人宽厚，常周人之急。先生不仅资助亲族、朋友，且对清寒的学生亦乐于帮助。他长期在大学教书，业余又一直著作，教薪加稿酬，收入亦不算少，而由于先生的慷慨，乐于助人；往往到自己有整笔开支时，手头却很窘迫。

先生酷爱猫，有一段时间常在给我信的信笺一角，盖上一猫图案的印章。章仅盈寸，造型简朴，苍劲如汉印。一九四八年，有一次我陪先生到上海旧城逛邑庙。在出售小动物的铺子内，看到一只鬈毛白猫，双睛异色。据店员说是波斯猫，索价“稻米十石”。我们只好望“猫”兴叹，先生还细细观赏了好一会儿才离去。

先生全家待人恳挚，去访问的同学，都受到亲切、周到的款待。我从未见先生有一点家长作风。师母是一位十分慈祥的老夫人。她神态安详，我只见过她两次欢笑。其中最欢的一次是在一九四一年春。先是我闻知先生的生辰日期，告诉了当时同在鸿英图书馆工作的严名扬（挺）学长，他随即向朱锡藩、郑之骧两学长说了；我又通知了李寅文、叶百丰两学兄。相约先作准备，届期同往祝寿。先生曾给我信阻止，但我们仍如期前去了。席间，朱锡藩学长倡议行酒令：要每人或歌一曲，或说一笑话；并由他领先，反复用“鱼、虾、蟹”三字按昆曲唱腔唱了一大段。继由叶百丰学兄唱了一阕《喜佛》的北方小曲。朱锡藩学长原是位谈笑风生的人，歌声高亢犹如关东大汉；而叶百丰学兄则曼声低唱，还故作小儿女态。于是把合座都逗乐了。先生和师母也笑出了声。当时先生还对昆曲谈了不少行家里手的话。这次欢叙，直到夜将深，我们才辞别。我们中有一些人还曾在霞飞路觉林蔬食处陪先生小叙过几次。记得一九四二年，陈楚祥学兄赴内地前，我们便是邀请先生在该处为他饯别的，饭后并摄影留念。先生能喝一点酒，燕饮时款款而谈，待我们如家人子弟。回忆昔日情景，恍如眼前。

先生教诲我们："真正的学者，乃是社会的、国家的、乃至全人类的宝物"，"我愿世之有志于学问者，勉为真正的学者。如何则可以为真正的学者，绝去名利之念而已。""而名亦就是一种利；所以简而言之，还只是一个利字。""自利，从来未闻成为一种学问；志在自利，就是志于非学，志于非学，而欲成为学者，岂非种瓜而欲得豆，种豆而欲得瓜？"①在先生逝世三十周年之际，先生这一段教诲，仍有现实的意义。

①《从章太炎说到康长素梁任公》，载一九四六年《月刊》第三期。

目　录

附录

《中国政治思想史》，民国二十四年在上海光华大学所讲，予女翼仁笔记之，而予为之订补。以阅时甚暂，故所讲甚略，特粗引其端而已。虽然，古之所贵乎朋友讲习者，曰讲明。学者于义有所不彻，教者罕譬而喻焉，曰讲贯。既习其数矣，而未能观其会通，故教者为引而信之，触类而长之也；故曰：予非多学而识之，予一以贯之者也。专门之士，穷幽凿险，或非圣人所能为。然覆杯水于堂坳，则芥为之舟，置杯焉则胶，致远恐泥，是以君子弗为也。况于翻检钞录，又不足以语于致曲者邪。抑闻之，古之为政者，必立谏鼓，置谤木，岂不知忠言之逆耳，谗谄面谀之快于心，虽睿智，思虑有所弗能用；虽聪明，耳目有所弗能及。是以用众以自辅，求贤以自鉴，而不蔽于其所亲昵也。若乃将直言极谏，与诽谤同科。举国计民生，惟党徒之殉，弗思耳矣，亦已焉哉。云南起义前夕自记。

第一讲　中国政治思想史之分期 *

中国的政治思想史，是颇为难讲的，因为：

（一）政治思想和政治制度不同。政治制度，是有事实可考的，历代都有记载。记载自然有缺漏，但是一件事实，缺落其一部分，或者中间脱去一节，是很容易看得出来的，自然有人去研究，用考据手段去补足它。政治思想则不然，它是存于人的心里的。有许多政治思想，怕始终没有发表过；即或发表过的，亦不免于佚亡；凡是高深的学说，往往与其时的社会不相宜，此等学说不容易发表，即使发表了，亦因其不受大众的注意，或且为其所摧残而易至于灭亡。此等便都无可稽考。

（二）中国是一个政治发达的国家；而且几千年来，研究学术的人，特别重视政治；关于政治的议论，自然有许多，

* 标题系编者按每讲的内容所添加。

但都不是什么根本上的问题。为什么呢？因为一件事情，我们倘然看作问题而加以研究，必先对于这件事情发生了疑问；而疑问是生于比较的。我们都知道：希腊的政治思想，发达得很早。在亚里斯多德时，已经有很明晰的学说了。这就是由于希腊的地小而分裂，以区区之地，分成许多国，各国所行的政体，既然不同，而又时有变迁。留心政治问题的人，自然觉得政治制度的良否，和政治的良否大有关系，而要加以研究了。中国则不然。中国是个大陆之国，地势是平坦而利于统一的。所以其支离破碎，不如希腊之甚。古代的原民族——即今日所谓汉族——分封之国虽多，所行的政体，大概是一样。其余诸民族自然有两样的，但因其文明程度的低下，中原人不大看得起他，因而不屑加以比较研究。孔子说夷狄之有君，不如诸夏之无也，见《论语·八佾》。最可以代表这种思想、这种趋势。直到后世，还是如此。没有比较，哪里会发生疑问？对于政治，如何会有根本上的研究呢？因此，中国关于政治的史料虽多，大都系对于实际政务的意见——如法律当如何改订、货币当如何厘定之类——此等学说，若一一列举，则将不胜其烦，而其人对于政治思想依旧没有明了。研究中国的政治思想，非将一个思想家的学说，加以综合，因其实际的议论而看出其政治上的根本主张来不可。这是谈何容易的事情？

凡思想总是离不开环境的，所以要讲政治思想，必先明白其时的政治制度和政治事实，而政治制度和事实的变迁，就自然可以影响到政治思想而划分其时期。我们根据于这种眼光，把中国的政治思想分为四个时期：

第一期　自上古至战国　这是中国的社会组织发生一个很大的变迁的时期，自政治上言之，则为由部落至封建，编者按：指实行分封制的政体。由封建至统一。

第二期　自秦至唐　秦汉是中国初由封建而入于统一的时期。封建之世不适宜的制度，在此时期中，逐渐凋谢；统一之世所需要的制度，在此时期中，逐渐发生；逐渐发生的制度，自然又有不适宜的，不免酿成病态，政治家所研究的，就集中于此等问题。

第三期　自宋至清中叶　第二期中所发生的病象，到此渐觉深刻了，大家的注意，自然更切，而其研究也渐深，往往能触及根本问题。而这时期之中，民族问题也特别严重。实际上，民族问题在秦汉时代已经发生，当“五胡乱华”之时，已经很严重了。但是人们的思想，往往较事实要落后些，当彼其时还不曾感觉它十分严重，到宋朝以后，却不容我们不感觉了。要御侮先要自己整饬，因此，因为对外问题的严重，也引起了内部改革的问题。

第四期　自清中叶至现代　这是中国和欧洲人接触而一切思想都大起变化的时期。政治思想当然不是例外。

第二讲　中国政治思想史上之两派

要讲很复杂的政治思想，我们必须先有一个把握。这个把握是什么？就是把几千年来的政治思想先综括之而作一鸟瞰，得一个大概的观念。然后，持之以研究烦杂的材料——这是为入手之初方便起见，自然不是研究之后不许修正的。本此眼光而立论，我敢说中国的政治思想可以

（1）进取

（2）保守

两派概括之。为什么会有这两派呢？为什么不会有第三派？又为什么不会只剩了一派？

这是因为社会的本身同时有两种需要，而这两派各代表其一种。所以，这两派是都有其确实的根据，都有其正当而充足的理由的。

这话怎样说呢？说到这句话，我们先要问一问：国家和社

会到底是合一的还是分离的，就是国家和社会到底是一件东西，还是两件东西?

这个问题是很容易回答的：

（1）有许多人民还没有能够组织国家，然而我们不能说他没有社会。

（2）有许多国家已经灭亡了，然而其社会依然存在。

（3）所谓社会，其界限是和国家不合的，一个国家之中可以包含许多社会，而一个社会也可以跨据许多国家。

据此社会和国家确系两物。未有国家之前先有社会，社会是不能一天没有的。人永远离不开社会的，出乎社会之外而能生存的人，我们简直不能想象，而国家则是社会发展到某程度应于需要而生的。我们现在固然很需要国家，我们非极力保存我们的国家、扩张我们的国家不可。然而，国家并不是我们终极的目的。照我们现在的希求而逐渐向上，国家终究是要消灭的。这不是我一人的私言，古今中外的哲人怀抱此等思想的，不知凡几。不过这件事情是很艰难，其路途是很遥远，我们现在不但没有能达到目的，甚且连达到目的最好的途径都还没有发见罢了。然而，事在人为。民之所欲，天必从之，并非真有什么天神监观下民哀矜之而从其所欲，不过全人类真正的欲望，其实是相同的。虽然因环境的不良而暂时隐蔽著，及其环境一变，真正的欲望马上就要发露出来。而且环境的改易，也并非天然的变迁，实际上就是人因其为真正欲望的障碍，而在无形中大家各不相知地把其改造之。故环境改造得一分，人的真正欲望实现的可能程度便高一分，而去其实现之境也就接近一分。如此努力向前，我敢相信路途虽然遥远，终有达到目的的一日。然则国家在现在虽然很需要，到将来终有消灭的一天的。所谓政治，就是国家所做的事情，国家既是社会发展到某程度应运而生的东西，政治自然也是社会发展到某程度应运而生的现象。

然则在社会发展的历程中，为什么要生出国家这一种东西，产生出政治这一种现象来呢？须知人类所组织的社会，有两心交战，正和我们一个人的心有善恶两念交战一样。这两条心是什么？便是

（1）公心

（2）私心

公心，是己欲立而立人，己欲达而达人。一个人好，就希望大家好，甚而至于为著人家不恤牺牲自己。因此，就发生出许多好的制度和好的事实——代表公意的制度和事实来。私心，是只顾自己不顾别人的，不但不肯损己以利人，还要损人以利己。因此，便生出许多坏的制度和坏的事实来。社会进化

到某程度，私心发生了，就有抱著公心的人出来和他抵抗。这所谓抱著私心和抱著公心，并不是指具体的人。同是一个人，对于这件事怀抱著公心，对于那件事可以怀抱著私心。在这时期这地方怀抱著私心，换一个时期一个地方又可以怀抱著公心。所以，与其说是两个人，不如说是两个阶级。坏的阶级把好的阶级完全消灭，这件事是不能想象的，因为如此人类就要灭绝了，而且这不是人类的本性，当然也不会有这一回事。好的阶级完全把坏的阶级消灭，还非现在所能。在现在，事实上是如此的一个政府，一方面代表全社会的公意，一方面也代表其阶级的私意，这是古今中外凡有政府都是如此的，不过两者的成分或多或少罢了。

因为社会上先有了所谓恶意，然后有政治出来矫正它。所以矛盾不消灭，政治也不消灭。而政治实际上没有单代表公心的，总兼代表著私心，它所以跃居治者之地位，就有一部分为是要达其私意之故。既已居于治者的地位，自然更可将这种私心实现。所以政治的本身也是能造成矛盾的，政治不消灭，矛盾也不消灭。

人类的公心是无时而或绝的，总想把这社会弄得很好。因此，在任何时代任何地方，总要想上进。但是，因为私心未能绝灭之故，任何事情都不容易办好，而且不办事则已，一办事往往因此而又造出一种坏来。人的性质是各有所偏的，有人富于热烈的感情，对于现状深恶痛绝，这种人自然容易发见现状之坏。研究改革之方，而于改革之难达目的，及其因此而反生弊端，却较少顾虑。如此便成为进取派，而其性质和它相反的，就自然成为保守派。人的性质是有此两种。所以古往今来的政治思想都可以这两派括之，至于哪一派的势力较强，自然和其时代也有关系。在这一种观念之下，去了解中国的政治思想，我以为是较容易的。

以上所说的话是很抽象的，以下用具体的话来证明它。

第三讲　上古到战国的社会变迁

上古到战国，划分为政治思想史上的一个时期，前文已经说过了。这一个时期之内，政治思想的背景，是怎样呢?

这一个时代，在政治上，可以说是从部落进于封建，从封建进于统一的时代。

人类最初的组织，大概是依据血统的。但是到后来，就渐渐地从血统的联结而进于地域的联结了，这就成为部落。

部落的生活，大概是渔猎、游牧、农耕三种。从前的人，都说人类进化的程序，是从渔猎到游牧、游牧到农耕的，其实也不尽然。依现在社会学家所考究：大抵山林川泽之地，多从渔猎径进于农耕；平原旷莽之区，则从渔猎进化到畜牧。至于进化而成为国家，则游牧、农耕两种人民，关系最大。古代各部落间，彼此无甚关系，因之不能互相了解，相遇之时，就不免于争斗。渔猎民族，需要广大的土地，才能养活少数的人口，所以其人数不能甚多；而文明程度也较低；与游牧民族战争时，多不免于败北。

农耕民族，文明程度是最高的；其人口也较多。和游牧民族战争，本来可得胜利。但因其性质爱好和平，而又安土重迁，不能兴师远征；所以游牧民族来侵犯时，虽可把它击退，总不能扫穴犁庭。而游牧民族，败则易于遁逃；及其强盛之时，又可以集合起来去侵略他人，农耕民族，总不免有时为其所乘。所以以斗争论，游牧民族，对于渔猎民族和农耕民族，都是很有利的。但是渔猎民族，文明程度本低，加以败北之后，可以遁迹山林，游牧民族，倒也无如之何。农耕民族，却和土地的关系密切了，宁受压迫而不愿遁逃。游牧民族战胜时，便可以强制他服从，勒令他纳贡。进一步，还可以侵入其部落之内，而与之同居；强制其为自己服役。如此，一个部落之内，有征服者和被征服者两个阶级对立；征服者治人而食于人，被征服者治于人而食人；就成为现代国家的起源了。

以上所述，是现代社会学家的成说，从我国古史上研究，似乎也是相合的。古代相传的帝王，事迹较有可考的，是巢、燧、羲、农。有巢氏教民构木为巢，燧人氏教民取火熟食，其为渔猎时代的酋长，显而易见。伏羲氏，因为相传有“驯伏牺牲”之说，大家就都认他为游牧时代的酋长。其实这全是望文生义的。“伏羲”二字，乃“下伏而化之”之意，见于《尚书大传》。其事迹，则《易经》的《系辞传》，称其作网罟以佃以渔。《尸子》亦说：燧人氏之世，天下多水，故教民以渔；伏羲氏之世，天下多兽，故教民以猎。其为渔猎时代的酋长，也显而易见。伏羲氏之后是神农氏，则名义上，事迹上，都昭然无疑，是农耕时代的酋长了。其根据之地：有巢氏治石楼山，在琅琊南；燧人氏出旸谷，分九河；伏羲氏都陈；神农氏都鲁；都在今河南山东黄河以南。黄帝邑于涿鹿之阿，则在今河北涿县。大约古代山东半岛之地，有一个从渔猎进化到农耕的民族，便是巢燧羲农；而黄帝则为河北游牧之族。阪泉涿鹿之战，便是这个农耕民族为游牧民族所征服的事迹。

社会的内部，其初是荡荡平平，毫无阶级的。但是经过相当的时间，便要生出男妇和老幼的区别。前者是基于两性的分工；后者则由于知识技艺的传授，以及遇事的谋略，临事的指挥；自然经验丰富的人，总处于重要的地位。所以在浅演的社会里，虽然还行著女系，而掌握实权的，也以男子为多。至于年老的人，则其地位尤为优越。社会愈进步，分工的作用愈显著，处于特别地位的人，自然愈形重要。如此，专门指挥统率的人，权力逐渐增大，就成为君的起源。其偏于保存智识的人，则成为僧侣阶级。凡此等，都是一个团体之内，特殊阶级之所以形成。然而总不如用兵力征服的关系来得大。

这一个部落，征服那一个部落，其初是用勒令进贡的方法，去剥削他的。至于被征服部落内部的情形，则丝毫不管。中国从黄族征服了炎族以后，直到夏禹之世，对于被征服者，还有这种情形。所以夏后氏对于农民所收的租税称为贡，和这一国献给那一国的礼物，名称相同。其方法，则系按几年收获的平均额，向他征取。至于丰年可以多取而不取，以致谷物不免浪费；凶年不能足额而强要足额，以致人民受累；他是丝毫不管的。可见这时候，征服之族和被征服之族，还没有融合。到殷周时代，情形就不同了。殷代收税之法名为助，是强制人民代耕公田的。周代收税的法子名为彻，是田亩不分公私，而国家按其所入，取其十分之一。可见这时候，征服者和被征服者，已合并成一个社会了。

古代农耕的社会，其内部，本来是有很良好的规则的。凡榨取，必须要保存被榨取的对象。征服之族，只要榨取就够了，何苦而去干涉被榨取的社会内部的事情？所以农耕社会，虽然被游牧民族征服，而其内部良好的规则，还得保存。进一步，征服民族对于被征服的民族，关系渐渐的深了；管理干涉，也渐渐的严密了，然而也还是本于这种规则以行事；甚且还能代他修整，助其保持。这时代的君主，就是后世所称为圣主贤君的；而这时代，就是孔子所说的小康时代。至于那已经过去的毫无阶级的时代，那自然就是所谓大同时代了。当此时代，征服者和被征服者阶级的对立是：（1）贵族，（2）自由民，（3）奴隶三者。贵族是征服阶级里握有政权的人，如契丹之有耶律萧氏。自由民是征服阶级里的平民，如契丹之有部族，被征服的民族，那就是奴隶了。

其初，征服阶级和被征服阶级的对立，是很为尖锐的。所以贵族和自由民之间，其相去近；自由民和奴隶之间，其相去远。但是到后来，压迫的关系，渐成为过去；平和的关系，日渐增长；而掌握政权的人，其权力却日渐发达。于是贵族和自由民，相去渐远；自由民和奴隶，相去转日近，驯至因彼此通婚，而混合为一。我国古书上百姓和民、民和氓，有时是有区别的，有时却又没有，就是这个关系。

以上所说，是从部落时代，进化到封建时代的大略。但是进化到封建时代，还是不得安稳的。因为此等封建之国，其上层阶级，本来是一个喜欢侵略的民族；在侵略的民族中，战争就是生利的手段。当其初征服别一个民族时，生活上自然暂时得到满足。但是经过相当的年代，寄生之族的人口，渐渐的增加了；而其生活程度，也渐渐增高；就又要感觉到不足。感觉到不足，那除向外侵略，夺他人的土地人民为己有，是没有别法的。在战国以前，列国所以要互相吞并；一国中的大夫，也要互相吞并；这就是其中很重要的原因。如此，一步步的向前进行，晋国的六卿，并成三家；春秋时的百四十国，变为战国时的七国；世运就渐进于统一了。

政治一方面，情形如此；社会一方面，也有很重要的变迁。征服之族，初征服被征服之族时，是把他们的人，掳来作为奴隶使用。此时的奴隶，是以多数的人，替少数的贵族耕作广大的土地的。生命尚非己有，何况耕作之所得？在此等情形之下，奴隶的耕作未必出力；而此时耕作的方法，也还幼稚；自然可以多数的人，耕作广大的土地。到后来，耕作的方法渐渐进步了；压迫的关系，也渐渐变化；即发见用武力强迫人家劳动，不如在自利的条件下，奖励人家劳动之为得计。并发见以多数人粗耕广大的土地，不如任一家一户精耕较小的土地之为有利。于是广大的田庄，变成分立的小家户。这是说征服之族，把被征服之族掳掠得来，强制他为自己劳动的社会的变化。其从纳贡的关系，进化到代为管理，始终没有破坏被征服之族内部的规则的，自更不必说了。但是无论其为征服之族将被征服之族掳掠来而强制其为自己劳动；或者由纳贡的关系而进化到收税；伴随着生产方法的进步，广大的田庄，总有变为小农户的趋势。我国古代，土地虽非人民所有，然而必要有一个五十亩、七十亩、百亩的分配办法，而不容笼笼统统的，把若干公有的土地，责令若干人去共同耕种，即由于此。于此，已伏著一个土地私有的根源。又因人口的增加，土地分配，渐感不足；而分配又未必能平均；于是渐有无田可耕的人；又或因所耕的田太劣，而愿意换种好田；于是地代就渐渐发生。有权支配的人，就将好田与坏田收获的差额，悉数取为己有。于是土地的私有，渐渐的成立了。

又因生产方法的进步，工业渐渐的脱离农家的副业而独立。于是交换愈益频繁，而专司交换的关键的商人也出现了。商人对于农工，在交换上，是处于有利的地位的。因为要以其所有，易其所无的人，都有非易不可之势；而在交易的两方，都无从直接，交换都要通过商人之手才行。于是商人乘卖主找不到买主时，可以用很廉的价格买进；到买主找不到卖主时，又可以用很贵的价格卖出。一转手之间，生产者和消费者，都大受其剥削。所以在近代工业资本发展以前，商业资本在社会上，始终是很活跃的。这是中国几千年来一贯的趋势，更无论古代经济初进步的时候了。因商业资本发达，则农人受其操纵而愈益穷困。于是高利贷出现。在这两种剥削之下，再加之暴政的榨取，农民乃无可控诉，而至于流亡。其投靠到富豪的，或则售其田产，而变为佃农；或竟自鬻其身，而成为奴隶。除非在社会上有所需求，都可以靠暴力胁夺，如其不然，有所求于人，就非得其允许不可，或者守著社会上公认的交换规则，进行交换，则相需甚殷的一方面，总是吃亏，而其势较缓的一方面，总是处于有利的地位的。所以在春秋战国时，商人的势力大盛。便国家也不能不谨守和他们订立的契约；指郑子产不肯强市商人货物之事。见《左氏》昭公十六年。甚而至于与他们分庭抗礼。子贡之事，见《史记·货殖列传》。一方面，都市的工商业家，乡下的大地主，新阶级兴起了；一方面，则因战争的剧烈，亡国败家者相随属，而封建时代的贵族，日益沦落；于是贵贱的阶级渐平，贫富的阶级以起。然而当这时代，国家的政治权力，不是缩小了，而反是扩大了。因为政治是所以调和矛盾，也可说是优胜的一个阶级用来压迫劣败的阶级的。社会的矛盾，日益加甚，自然政治的权力，日益加大。但是这时候，代表政治上的权力的，不是从来拥有采地的封建主，而是国王所信任的官僚。

官僚阶级是怎样兴起的呢？那便是：（1）新兴的工商家，和地主阶级中较有知识的分子；（2）没落的旧贵族尤多，他们的地位身份虽然丧失，其政治上的才能和知识，是不会随而丧失的。现代的县名，还有一部分沿自秦汉时代，秦汉的县名很容易看得出，有一部分就是古代的国名；可见其本为一独立国。独立国夷而为县，并不是从秦汉时代开始的；春秋战国时，早已有许多小国，变成大国中的一县了。国变而为县，便是固有君主的撤废，中央政府派遣地方官吏的成功。质而言之，就是后代的改土归流。因封建制度崩溃，而官僚阶级增多；亦因官僚阶级增多，而大国的君主，权力愈扩大，封建政体，因之愈趋于崩溃。还有加重大国的权力的，便是军队的加多与加精。在古代，大约是征服之族服兵役，被征服之族则不然的。这并不是被征服之族，都不会当兵，不过不用他做正式的军队罢了。我国古代，天子畿方千里，公侯皆方百里，幅员的大小，为百与一之比，而兵额却不过两三倍，就是为此。《礼记·文王世子》是古代的庶子官管理王族之法，而其中说战则守于公祢；鄢陵之战，晋国人说“楚之良，在其中军王族而已”；可见古代的战斗，不但全用征服之族，组织军队，并且还是以王族为中心的。至于被征服之族，则不过叫他保守本地方，并不用他做正式的军队，所以说寓兵于农。寓兵于农，谓以农器为兵器，非谓以农夫为军人，见《六韬·农器》篇。到春秋时，这种情形就大变了。变迁的途径有二：一是蓄养勇士，求其战斗力之加强；一是训练民众，求其兵数之加多。前者如齐庄公是其代表；后者如管仲作内政寄军令，是其代表。到战国时代，则这两种趋势，同时并进。如魏国的兵制，挑选人民强壮的，复其身，利其田宅；见《荀子·议兵》篇。又如秦国商鞅之法，把全国的人民都训练成战士。此等多而且精的军队，自然非小国所能抵敌了。

政治上的互相争斗，可以说是使人群趋于分争角立的，而自经济上言之，则总以互相联合为有利。亦且人类的本性，原是互相亲爱的；政治上的分争，只可说是社会的病态。所以在封建时代，政治上的情形，虽然四分五裂，而社会的同化作用，还是不断进行的。《中庸》说："今天下，车同轨，书同文，行同伦。"可见当春秋战国时，社会的物质和精神，都已大略一致；因为只从古相传下来，凭恃武力的阶级所把持，以致统一不能实现罢了。此等政治上争斗的性质，固因有国有家者，各欲保守其固有的地位，而至于分争；亦因其贪求无已，不夺不餍，而渐趋于统一。并兼之势日烈，则统一之力加强。政治的社会的两力并行，而统一遂终于实现。

统一，自然是有利的事。人类不论从哪一方面讲，总是以统一为有利的。但是前此的分争，固然不好，后来虽勉强统一，而其联结的办法，还不是最好的。因而处于这一个大国家社会之中的人，不能个个都得到利益；而且有一部分是被牺牲的。而国家社会的自身，亦因此而不得进化。这种趋势，是从皇古时代，因社会内部的分化和其相互间的争斗而就开始进行的；到战国的末年，已经过很长的时间了。在这长时期中，从民族和国家的全体上看，是由分趋合，走上了进化的大路的。从社会组织上看，则因前此良好的制度逐渐废坠；人和人相互之间的善意逐渐消失；而至于酿成病态。于是有所谓政治者，起而对治之。政治是药，他是因病而起的，亦是想治好病的。人谁不想好？谁肯安于坏？于是有政治上种种的主张而形成政治思想。

第四讲　先秦的政治思想

从上古到战国，这一期中的政治背景，业经明白了，就可进而讲述其政治思想。

这一期中的政治思想，最重要的，自然就是所谓先秦诸子。这都是东周时代的思想。自此以前，自然不是没有政治思想的，然无甚重要关系，所以略而不述。实际上，先秦诸子的思想，都是很受前此思想的影响而发展起来的；研究先秦诸子，西周以前的思想，也可以见其大概了。

怎样说先秦诸子的思想，都是很受前此思想的影响呢？中国人向来是崇古的。对于古人的学说，崇拜总超过批评。这种风气，近来是逐渐改变了，然其对于古人的批评，亦未必都得其当。先秦诸子，离现在时代较远，不大容易了解，因而也不大容易批评。所以不论从前和现在的批评，都很少搔著痒处。对于先秦诸子，大家是比较的抱著好感的。不论从前和现在，对于他们的批评，都是称颂的居多；即有批评其短的，也都是隔靴搔痒，并没有能发见其短处，自然更说不到发见其致误之由。然则先秦诸子，有没有错误之处呢？自然是有的，其错误而且还颇大。假使先秦诸子而真见用于世，见用社会，而真本其所学以行事，具结果，怕会弄得很糟的。我们现在，且先说一句总批评，那便是：先秦诸子的思想，都是落伍的。

这话怎样说呢？要说明这句话，先得知道先秦诸子所代表的，是哪一个时代的思想。我以为：

农家　代表神农时代的思想。

道家　代表黄帝时代的思想。

墨家　代表夏禹时代的思想。

儒家、阴阳家（？）　代表西周时代的思想。

法家、兵家　代表东周时代的思想。

这所谓代表某一时代的思想，只是说其思想是以那一个时代为根据而有所发展，并不是说他完全是某一个时代的思想，不可误会。

人的思想，是多少总有些落伍的。今天过去了，只会有明天，今年过去了，只会有明年。明天明年的事情，是无论如何不会和今天今年相同的，何况昨天和去年？然而人是只知道昨天和去年的。对付明天明年的事情，总是本于昨天和去年以前的法子。各人所用的法子，其迟早亦许相去很远，然而总只是程度问题。所以其为落伍，亦只是程度问题。

人的思想，总是在一种文化中涵养出来的。今试找一个乡气十足的村馆先生，再找一个洋气十足的留学生，把一个问题，请他们解决；他们解决的方法，一定大相悬殊；这并不是这两个人的本性相去如此之远，乃由其所接受的文化不同；所谓性相近，习相远。知此，然后以论先秦诸子。

（一）农家

先秦诸子，所代表的，不是一时的思想，这是很容易见得的。因为最难作伪的是文学。先秦诸子中，都包容著两种时代不同的文学——未有散文前的韵文，和时代较后的散文。我们现在不讲考据，这个问题，且置诸不论。我们现在，只从思想上批判其所代表的文化时代的远近。如此，农家之学，我以为其所代表的文化的时代，是最早的。

农家之学，现在仅有许行一人尚有遗说，从《孟子》中可以窥豹一斑。许行有两种主张，是：

（1）政府毫无威权。所谓贤者与民并耕而食，饔飧而治，就是说人君也要自己种田、自己做饭，像现在乡下的村长一样。

（2）物价论量不论质。不论什么东西，只要他的量是一样，其价格就是一样。

这种思想，显然是以古代的农业共产社会做根据的。我们如诘问他：既然可以并耕而食，饔飧而治，何必还要有君？既然交换的价格，和成本全不相干，则已变为一种赠与，何必还要交换？他可以说：我所谓政府，是只有办事的性质，而没有威压的性质的。至于交换，我本来要消灭他，强迫交换的价格，论量不论质，只是一种过渡的方法。况且这也是禁奢的一种手段。所以刚才的话，是不能驳许行的。我们要问许行的，是用何种手段，达到他这一个办法？无政府主义，是没有一个人不可承认其为最高的理想的；亦没有什么人敢断定其终不能达到。不过在现在，决没有人主张，即以无政府的办法为办法的。因为这是决不能行的事。从我们的现在，达到无政府的地位，不知要经过多少次平和或激烈的革命呢。许行的说法，至少得认为无政府主义的初期，许行却把那一种办法做桥梁，渡到这一个彼岸呢。假使许行是有办法的，该教滕文公从桥上走，或者造起桥来，不该教他一跳就跳到彼岸。如其以为一跳就可以跳过去的，那其思想，比之乌托邦更为乌托了。许行究竟是有办法没有办法的呢？许行如其有办法，其信徒陈相，应该以其办法反对孟子的办法，不该以其理想的境界反对孟子的办法，所以许行的学说，虽然传下来的很不完全，我们可以推定其是无办法的。然则许行的思想是一种最落伍的思想。

（二）道家

道家当以老子为代表。古人每将黄老并称。古书中引黄帝的话，也很和老子相像。《列子·天瑞》篇引《黄帝书》两条，黄帝之言一条，《力命》篇亦引《黄帝书》一条。《天瑞》篇所引，有一条与《老子》同，余亦极相类。这自然不是黄帝亲口说的话，然而总可以认为是黄帝这个社会里、民族里相传的训条。

老子的思想，导源于远古的黄帝这一个社会，是可能的。因为老子的道理是：

（1）主张柔弱。柔弱是一种斗争的手段。所谓欲取姑与。浅演的社会，是只知道以争斗为争斗，不知道以退让为争斗的。所以因刚强躁进而失败的人很多。如纣，如齐顷公、庄公、晋厉公、楚灵王、吴夫差、宋王偃等都是。其实秦皇、汉武，也还是这一流人。这种人到后世就绝迹了。这可见人的性质，都是社会养成的。黄帝的社会，是一个游牧的社会，君民上下，都喜欢争斗，自然可以发生这一类守柔的学说。儒家所以要教民以礼让，礼之不足，还要以乐和其内心，也是为此。

（2）主张无为。“为”字近人都当“作为”解，这是大错了的。为，化也。无为就是无化。无为而无不为，就是无化而无不化。就是主张任人民自化，而不要想去变化他。“化而欲作，吾将镇之以无名之朴”，就是说人民要变化，我们还要制止他，使他不要变化。怎样叫变化呢？《老子》一书，给后来的人讲得太深了，怕反而失其真意。《老子》只是一部古代的书，试看：（A）其书的大部分，都是三四言韵语，确是未有散文以前的韵文；（B）其所用的名词，也很特别，如书中没有男女字，只有牝牡字——这尤可表见其为游牧民族。所以我说《老子》的大部分，该是黄帝这一个民族里相传的古训，而老子把他写出来的；并不是老子自著的书。我们若承认此说，“无为”两个字，就容易解释了。当《老子》这一部书著作的时候——不是周朝的老聃把他写出来的时候——作者所处的社会，不过和由余所居的西戎、中行说所居的匈奴差不多。这种社会里的政治家的所谓为：坏的，是自己要奢侈，而引进许多和其社会的生活程度不相称的事来；刻剥人民去事奉他，并且引起人民的贪欲。好的，是自以其社会为野蛮，而仰慕文明社会的文明，领导著百姓去追随他。《史记·商君列传》：商君对赵良自夸说："始秦戎翟之教，父子无别，同室而居，今我更制其教，而为其男女之别，大筑冀阙，营如鲁、卫矣。"就有这种意思。文明的输入，自然是有利的。然而文明社会的文明，是伴随着社会组织的病态而进步的；我们跟著他跑，文明固然进步了，社会的病态，也随而深刻了，这也可以说是得不偿失的事。《老子》一书中所主张的"无为"，不过是由余夸张戎人，中行说劝匈奴单于勿变俗、好汉物的思想。见《史记·秦本纪》《匈奴列传》。《老子》的所以为人附会，①以其文义之古，难于了解，而易于曲解；②因其和一部分的宗教思想相杂。《老子》的宗教思想，也是游牧民族的宗教思想。因为（a）其守柔的思想，是源于自然力的循环；而自然力的循环，是从观察昼夜四时等的更迭得来的；（b）无为的思想，是本于自然现象的莫之为而为；所谓"天何言哉？四时行焉，百物生焉"。两者都是从天文上得来的；而天文知识的发达，正在游牧时代。

老子这种思想，可以说是有相当的价值的。但是守柔在不论什么时代，都可以算竞争上的一种好手段。至于无为，则社会的变化，不易遏止。即使治者阶级，尚都能实行老子之说，亦不过自己不去领导人民变化。而社会要变化，还是遏止不住的。我虽然辅万物的自然而不敢为，而万物化而欲作，恐终不是无名之朴，可以镇压得住。在后世，尽有清心寡欲的君主，然而对于社会，还是丝毫无补，就是这个理由。这一点，讲到将来，还可更形明白，现在姑止于是。只要知道就无为这一点上说，老子的思想，也是落伍的就够了。

或问在古代，民族的竞争，极为剧烈，老子如何专教人守雌？固然守雌是有利于竞争的，然而守如处女，正是为出如脱兔之计，而观老子的意思，似乎始终是反对用兵的，既终没有一试之时，蓄力又将作何用？在古代竞争剧烈的世界，如何会有这一种学说呢？我说，中国古代民族的竞争，并不十分剧烈。民族问题的严重，倒是从秦汉以后才开始的。大约古代民族的斗争，只有姬、姜二姓曾有过一次剧烈的战事——河南农耕民族，与河北游牧民族之战——其结果，黄帝之族是胜利了。经过颇短的时间，就和炎帝之族同化。其余诸民族，文化程度，大抵比炎黄二族为低，即战斗力亦非其敌。所以当时，在神州大陆上，我们这一个民族——炎黄混合的民族——是侵略者。其余的民族——当时所谓夷蛮戎狄——是被侵略者。我们这时候所怕的，是贪求无厌，黩武不已，以致盛极而衰，对于异族的斗争，处于不利的地位；而同族间也要因此而引起分裂。至于怕异族侵略，在古代怕是没有这事的。如其有之，道家和儒家等，就不会一味主张慈俭德化；而法家和兵家等，也要以异族为斗争的对象，而不肯专以同族的国家为目标了。我国民族问题的严重，是周秦之际，和蒙古高原的游牧民族接触，然后发生的。在古代骑寇很少，居于山林的异族，所有的只是步兵，而我族则用车兵为主力。毁车崇卒和胡服骑射，都是我族侵略的进步，不是防御行为。中山并非射骑之国，赵武灵王是学了骑寇的长技，再借用骑寇的兵，去侵略中山。

道家中还有一派是庄子。庄子的思想，是和杨朱很为接近的。现在《列子》中的《杨朱》篇，固然是伪物，然而不能说他的内容全无根据。因为其思想，和《庄子》的《盗跖》篇是很接近的。《盗跖》篇不能认为伪作。这一派思想，对于个人自处的问题，可以“委心任运”四个字包括之。这全是社会病态已深，生于其间的人，觉得他没法可以控制时的表现。至其对于政治上的见解，则杨子拔一毛利天下而不为之说，足以尽之。拔一毛利天下而不为，是怎样一个说法呢？此其理颇为微妙。我们现在且不惮繁复，略述如下：

《吕氏春秋·不二》篇：

楚王问为国于詹子。詹子对曰：何闻为身，不闻为国。詹子岂以国可无为哉？以为为国之本，在于为身。身为而家为，家为而国为，国为而天下为，故曰：以身为家，以家为国，以国为天下。

身当如何为法呢？

《淮南子·精神训》：

知其无所用，贪者能辞之，不知其无所用，廉者不能让也。夫人主之所以残亡其国家，损弃其社稷，身死于人手，为天下笑，未尝非为非欲也。夫仇由贪大钟之赂而亡其国，虞君利垂棘之璧而禽其身，献公艳骊姬之美而乱四世，桓公甘易牙之和而不以时葬，胡王淫女乐之娱而亡土地。使此五君者，适情辞余，以己为度，不随物而动，岂有此大患哉？

又《诠言训》：

原天命，治心术，理好憎，适情性；则治道通矣。原天命则不惑祸福。治心术则不妄喜怒。理好憎则不贪无用。适情性则欲不过节。不惑祸福，则动静循理。不妄喜怒，则赏罚不阿。不贪无用，则不以欲用害性。欲不过节，则养性知足。凡此四者，弗求于外，弗假于人，反己而得矣。

野蛮时代之所虑，就是在上者的侈欲无度，动作不循理。其过于要好的，则又不免为无益的干涉。所以杨朱一派，要使人君自治其心，绝去感情，洞明事理，然后不做一件无益而有损的事。所以说：“以若之治外，其法可暂行于一国，而未合于人心；以我之治内，可推之于天下。”话固然说得很精了。然而又说：“善治外者，物未必治。善治内者，物未必乱。”未必乱是物自己不乱，并不是我把他治好的，设使物而要乱，我即善治内，恐亦将无如之何。固然，人人不损一毫，人人不利天下，天下治矣。然今天下纷纷，大多数都是利天下的人，因而又激起少数人，要想摩顶放踵，以利天下。譬如集会之时，秩序大乱，人人乌合抢攘，我但闭目静坐，何法使之各返其位，各安其位呢？如其提出这一个问题来，杨朱就将无以为答。然则杨朱的治天下，等于无术。他的毛病，和老子的无为主义是一样的。他们还是对于较早的时代的目光。此时的社会，人民程度很低，还没有“为”的资格。所虑的，是在上的人，领导著他去“为”。老子庄周的话，到这种社会里去说，是比较有意思的。到春秋战国时，则其社会的“为”，已经很久了；不是化而欲作，而是已化而作了；还对他说无为，何益？

（三）墨家

墨家之道原于禹，这句话是不错的。一者《墨子》书中屡次提起夏禹。二者墨子所定的法度，都是原出于夏的。详见孙星衍《墨子后序》。

儒家说夏尚忠，又说夏之政忠。忠便是以忠实之心对人；不肯损人以利己，还要损己以利人。夏朝时代较早，大约风气还很诚朴。而且其时遭遇水患，自然可以激起上下一体，不分人我的精神；和后来此疆彼界的情形，大不相同。由此道而推之，则为兼爱。兼爱是墨学的根本。至其具体的办法，对内则为贵俭，对外则为非攻。

要明白贵俭的意思，首须知道古代的社会和后世不同。后世习惯于私有财产久了，人家没有而我有，公家穷困而私人奢侈，是丝毫不以为奇的。春秋战国时代则不然。其时的社会，去公产之世未远。困穷之日，须谋节省；要节省，须合上下而通筹；这种道理，还是人人懂得的。即其制度，也还有存在的。譬如《礼记·曲礼》说："岁凶，年谷不登，君膳不祭肺，马不食谷，驰道不除，祭祀不县，大夫不食粱，士饮酒不乐。”《玉藻》说“至于八月不雨，君不举”等都是。卫为狄灭，而文公大布之衣，大帛之冠；齐顷公败于鞍，而七年不饮酒，不食肉；都是实行此等制度的。就越勾践的卧薪尝胆，怕也是实行此等制度，而后人言之过甚。然则墨子所主张的，只是古代凶荒札丧的变礼，并不是以此为常行之政，说平世亦当如此。庄子驳他说“其道大觳，反天下之心，使人不堪”，只是说的梦话。不论人家的立场，妄行攻驳，先秦诸子，往往有此病。贵俭的具体办法是节用，古人的葬事，靡费得最利害，所以又要说节葬。既然贵俭，一切图快乐求舒适的事，自然是不该做的，所以又要非乐。

隆古之世，自给自足的农业共产社会，彼此之间，是无甚冲突的，所以也没有争战之事，这便是孔子所谓讲信修睦。后来利害渐渐的冲突了，战争之事就渐起。然而其社会，去正常的状态还未远，也不会有什么残杀掳掠之事，这便是儒家所谓义兵。义兵之说，见于《吕氏春秋》的《孟秋纪》、《淮南子》的《兵略训》，这决不是古代没有的事。譬如西南的土司，互相攻伐，或者暴虐其民，王朝的中央政府，出兵征讨，或易置其酋长，或径代流官，如果止于如此而已，更无他种目的，岂非吊民伐罪？固然，此等用兵，很难保军士没有残杀虏掠的事。然而这是后世的社会，去正常的状态已久，已经有了要残杀虏掠的人；而又用他来编成军队之故。假使社会是正常的，本来没有这一回事，没有这一种人，那末，当征伐之际，如何会有残杀虏掠的行为呢？就是在后世，当兵的人，已经喜欢残杀虏掠了，然而苟得良将以御之，仍可以秋毫无犯。不正常的军队，而偶得良将，还可以秋毫无犯，何况正常的社会中产生出来的正常的军队呢？所以义兵决不是没有的事。再降一步，就要变成侵略的兵了。此等兵，其主要的目的只是争利，大之则争城争地，小之则争金玉重器；次之则是斗气，如争做霸主或报怨之类。此等用兵，没有丝毫正当的理由。然而春秋战国时代的用兵，实以此类的动机为最多。所以墨子从大体上判定，说攻是不义的。既以攻为不义，自然要承认救守是义的了。墨子的话，不过救时之论，和我们现在反对侵略、主张弱小民族自决等一般。人类到底能不能不用兵呢？用兵到底本身是件坏事情，还是要看怎样用法的呢？这些根本问题，都不是墨子计虑所及。拿这些根本问题去驳墨子，也只算是梦话。

在春秋战国时代，有一个共同的要求，是定于一。当时所怕的，不但是君大夫对人民肆行暴虐，尤其怕的是国与国、家与家之间争斗不绝。前者如今日政治的不良，后者如今日军人的互相争斗。两者比较起来，自然后者诒祸更大了。欲除此弊，希望人民出来革命，是没有这回事的。所可希望的，只是下级的人，能服从上级，回复到封建制度完整时代的秩序。此义是儒、墨、名、法诸家共同赞成的。墨家所表现出来的，便是尚同。

当东周之世，又是贵族阶级崩溃、官僚阶级开始抬头的时代。任用官僚，废除贵族，怕除贵族本身外，没有不赞成的。儒家所表现出来的是讥世卿，法家所表现的是贵法术之士，墨家所主张的则为尚贤。

墨子主张行夏道，自然要想社会的风气，回复到夏代的诚朴。其所以致此的手段，则为宗教。所以要讲天志、明鬼。天和鬼都要有意识，能赏罚的，和哲学上的定命论，恰恰相反，定命论而行，天志、明鬼之说，就被取消了。所以又要非命。

墨子的时代，《史记》说："或曰并孔子时，或曰在其后。"这话大约不错的。墨子只该是春秋末期的人。再后，他的思想，就不该如此陈旧了。农家道学的说法，固然更较墨家为陈旧，然只是称颂陈说，墨子则似乎根据夏道，自己有所创立的。然而墨子的思想，也是够陈旧了的。

以墨子之道来救时，是无可非议的，所难的，是他这道理，如何得以实行？希望治者阶级实行么？天下只有天良发现的个人，没有天良发现的阶级；只有自行觉悟的个人，没有自行觉悟的阶级；所以这种希望只是绝路，这固然是诸家的通病。然而从墨子之道，治者阶级，所要实行的条件，比行别一家的道，还要难些。所以墨子的希望，似乎也更难实现些。墨子有一端可佩服的，便是他实行的精神。孟子说他能摩顶放踵，以利天下。《淮南子》说：墨子之徒百八十人皆可使之赴汤蹈火，死不旋踵。这些话，我们是相信的。我尝说：儒侠是当时固有的两个集团。他们是贵族阶级失其地位后所形成的——自然也有一部分新兴的地主，或者工商阶级中人附和进去，然而总是以堕落的贵族为中坚——他们的地位虽然丧失了，一种急公好义、抑强扶弱、和矜重人格的风气还在。因其天性或环境，而分成尚文与尚武两派。孔子和墨子，只是就这两个集团，施以教育。天下惟有团体，才能够有所作为。罗素说："中国要有热心的青年十万人，团结起来，先公益而后私利，中国就得救了。"就是这种意思，孔子和墨子，都能把一部分人团结起来了。这确是古人的热心和毅力，可以佩服之处。然而如此，就足以有为了么？须知所谓化，是两方面都可以做主动，也都可以成被动的。这些道术之士，都想以其道移易天下。他的徒党，自然就是为其所化的人；他和他的信徒，自然总能将社会感化几分；然而其本身，也总是受社会风气感化的。佛陀不是想感化社会的么？为什么现在的和尚，只成为吃饭的一条路？基督不是想感化社会的么？为什么中国称信教为吃教？固然，这是中国信道不笃的人，然使教会里面而丝毫没有财产，现在热心传教之士，是否还不远千里而来呢？也是一个疑问。我们不敢轻视宗教徒。其中热心信仰传布的人，我相信他是真的；也相信他是无所为而为之的；然而总只是少数。大多数人，总是平凡的，这是我所敢断言的。所以凭你本领大、手段高，结合的人多，而且坚固，一再传后，总平凡化了；总和普通的人一致了。儒者到后来，变做贪于饮食，惰于作务之徒；墨者到后来，也不看见了，而只有汉时的所谓游侠，即由于此。当孔子周游列国之时，岂不说："如有用我者，三千弟子，同时登庸，遍布于天下，天下岂不大治？"然而人在得志后的变化，是很难料的。在宰予微时，安知其要昼寝呢？从汉武帝以后，儒者的被登庸，可说是很多了。孔子周游列国时所希望的，或亦不过如此。然而当时的儒者是怎样呢？假使墨子而得势，赴汤蹈火之士，安知不变作暴徒？就使不然，百八十人，总是不够用的；到要扩充时，就难保投机分子不混进来了。所以墨子救世的精神，是很可佩服的，其手段则不足取。

（四）儒家、阴阳家

儒家的书，传于后世的多了，其政治思想，可考见的也就多，几于讲之不可胜讲。好在儒家之道，在后世最盛行。其思想，几于成为普通思想，人人可以懂得。所以也不必细讲，只要提纲挈领的讲一讲就够了。

儒家的思想，大体是怎样呢?

他有他所想望的最高的境界。这便是所谓大顺。《礼记·乐记》：“夫古者，天地顺而四时当，民有德而五谷昌，疾疢不作而无妖祥，此之谓大当。”《礼运》：“故事大积焉而不苑，并行而不缪，细行而不失，深而通，茂而有间，连而不相及也，动而不相害也，此顺之至也。”

简而言之，是天下的事情，无一件不妥当；两间之物，无一件不得其所，如此理想的境界，用什么法子去达到他呢？儒者主张根据最高的原理，而推之于人事，所以说：《易》本隐以之显，《春秋》推见至隐。

《易》是儒家所认为宇宙的最高原理的。推此理以达诸人事，所谓本隐以之显。《春秋》是处置人事的法子。人事不是模模糊糊，遇著了随便对付的。合理的处置方法，是要以最高原理为根据的。所以说推见至隐。

宇宙最高的原理，儒家称之为元，所以《易经·乾卦彖辞》说：大哉乾元，万物资始，乃统天。

圣人所以能先天而天弗违，就因其所作为，系根据这一种最高原理。何邵公《公羊解诂》，解释元年春王正月的意义道："《春秋》以元之气，正天之端；以天之端，正王之政；以王之政，正诸侯之即位；以诸侯之即位，正竟内之治。"

王，根据著宇宙最高的原理，以行政事，而天下的人，都服从他，这便是合理之治实现的方法。

合理之治，是可以一蹴而就的呢，还是要积渐而致的呢？提起这一个问题，就要想到《春秋》三世之义，和《礼运》大同、小康之说。春秋二百四十年，分为三世：第一期为乱世，第二期为升平世，第三期为太平世，是各有其治法的。孔子的意思，是希望把乱世逐渐治好，使之进于升平，再进于太平。据《礼运》之说，孔子似乎承认邃古时代，曾经有一个黄金世界。这个世界，就是孔子所谓大同。其后渐降而入小康。小康以后，孔子虽没有说，然而所谓大同者，当与《春秋》的太平世相当，所谓小康者，当与《春秋》的升平世相当，这是无疑义的，然则小康以后，就是《春秋》所谓乱世，也无可疑的了。所以孔子是承认世界从大同降到小康，再降到乱世，而希望把他从乱世逆挽到升平，再逆挽到太平的。

凡思想，总不能没有事实作根据。中国的文化，是以农业共产社会的文化作中心的，前一讲中，已经述及。此等农业共产的小社会，因其阶级的分化，还未曾显著，所以其内部极为平和；而且因社会小，凡事都可以看得见，把握得住，所以无一事不措置得妥帖。孔子所谓大同，大约就是指此等社会言之。其所希望的太平，亦不过将此等治法，推行之于天下；把各处地方，都造成这个样子。这自然不是一蹴而就的。所以从乱世进到太平，中间要设一个升平的阶段，所谓升平，就是小康。小康是封建制度的初期。虽因各部落互相争斗，而有征服者、被征服者之分，因而判为治人和治于人、食人和食于人的两个阶级，然而大同时代，内部良好的规制，还未尽破坏，总还算得个准健康体，这些话，前一讲中，亦已述及。孔子所认为眼前可取的途径，大约就是想回复到这一个时代。所以孔子所取的办法，是先回复封建完整时代的秩序。

孔子论治，既不以小康为止境，从小康再进于大同的办法，自然也总曾筹议及之。惜乎所传者甚少了。

从乱世进入小康的办法，是怎样呢？

从来读儒家的书的，总觉得它有一个矛盾，便是它忽而主张君权，忽又主张民权。主张君权的，如《论语·季氏》篇所载，礼乐征伐，一定要自天子出；自诸侯出，已经不行；自大夫出，陪臣执国命，就更不必说了。主张民权的，如孟子说民为贵，社稷次之，君为轻；又说闻诛一夫纣矣，未闻弑君也；也说得极为激烈。近四十年来，不论是革命巨子，或者宗社党，遗老，都可以孔子之道自居，这真极天下之奇观了。然则儒家的思想，到底怎样呢？关于这个问题，我以为并不是儒家的思想有矛盾，而是后世读书的人，不得其解。须知所谓“王”与“君”，是有区别的。

怎样说“王”与“君”有区别呢？案荀子说：“君者，善群也。群道当，则万物皆得其宜，六畜皆得其长，群生皆得其命。”君怎能使万物如此呢？那就得如班固《货殖传序》所说：这一类材料，古书中不胜枚举，现在只是随意引其一。昔先王之制：自天子公侯卿大夫士，至于皂隶抱关击柝者，其爵禄奉养，宫室车服棺椁祭祀死生之制，各有差品，小不得僭大，贱不得逾贵。夫然，故上下序而民志定。于是辨其土地川泽丘陵衍沃原隰之宜，教民种树畜养五谷六畜，及至鱼鳖鸟兽，雚蒲材干器械之资，所以养生送终之具，靡不皆育。育之以时，而用之有节。草木未落，斧斤不入于山林。豺獭未祭，置网不布于野泽。鹰隼未击，矰弋不施于徯隧。既顺时而取物，然犹山不槎蘖，泽不伐夭，蝝鱼麛卵，咸有常禁。所以顺时宣气，蕃阜庶物，蓄足功用，如此之备也。然后四民因其土宜，各任智力，夙兴夜寐，以治其业，相与通功易事，交利而俱赡，非有征发期会，而远近咸足。故《易》曰：后以财成辅相天地之宜，以左右民。

这便是《荀子》所谓“天有其时，地有其利，人有其治，夫是之谓能参”；亦即《中庸》所谓“能尽其性，则能尽人之性；能尽人之性，则能尽物之性；能尽物之性，则可以赞天地之化育；可以赞天地之化育，则可以与天地参”。言治至此，可谓毫发无遗憾了。然而所谓原始的“君”者，语其实，不过是一个社会中的总账房——总管理处的首领——账房自然应该对于主人尽责的。不尽责自然该撤换；撤换而要抗拒，自可加以实力的制裁。这便是政治上所谓革命，丝毫不足为怪。遍翻儒家的书，也找不到一句人君可以虐民、百姓不该反抗的话。所以民贵君轻，征诛和禅让，一样合理，自是儒家一贯的理论，毫无可以怀疑之处。至于原始的“王”，则天下归往谓之王，只是诸侯间公认的首领。他的责任在于：（1）诸侯之国，内部有失政，则加以矫正；（2）其相互之间，若有纠纷，则加以制止或处理。这种人，自然希望他的权力伸张，才能使列国之间，免入于无政府的状态，专恃腕力斗争，其内部则肆无忌惮，无所不为，以为民害。没有王，就是有霸主，也是好的；总胜于并此而无有；所以五霸次于三王。君是会虐民的，所以要主张民权，诸侯则较难暴虐诸侯，如其间有强凌弱、众暴寡的事，则正要希望霸王出来纠正，所以用不著对于天子而主张诸侯之权，对于诸侯而主张大夫之权。这是很明显的理论，用不著怀疑的。王与君的有区别，并不是儒家独特的议论，乃是当时社会上普通的见解。战国之世，卫嗣君曾贬号为君。五国相王，赵武灵王独不肯，曰：无其实，敢处其名乎？令国人谓己曰君，见《史记·赵世家》。就因为只管得一国的事，没有人去归往他之故。春秋之世，北方诸国，莫敢称王，吴楚则否，就因有人去归往他之故。《史记·越勾践世家》说：越亡之后，“诸族子争立，或为王，或为君，滨于江南海上，服朝于楚”。服朝于人的人，也可以称王，便见吴楚的称王，不足为怪了。天无二日，民无二王，是儒家的理想，不是古代的事实。在事实上，只要在一定的区域中，没有两个王就行了。

臣与民是有区别的。臣是被征服的人，受征服阶级的青睐，引为亲信，使之任某种职务，因而养活他的。其生活，自然较之一般被征服者为优裕；甚至也加以相当的敬礼。如国君不名卿老世妇之类。为之臣者，感恩知己，自然要图相当的报称。即使没有这种意气相与的关系，而君为什么要任用臣？臣在何种条件之下，承认君的任用自己？其间也有契约的关系，契约本来是要守信义的，所以说事君“先资其言，拜自献其身，以成其信”；“是故君有责于其臣，臣有死于其言”。见《礼记·表记》。君臣的关系，不过如此。“谋人之军师，败则死之，谋人之邦邑，危则亡之”，见《礼记·檀弓》。就不过是守信的一种。至于“生共其乐，死共其哀”，秦穆公和三良结约的话，见《韩诗外传》。则已从君臣的关系，进于朋友，非凡君臣之间所有了。这是封建时代的君臣之义，大约是社会上所固有的。儒家进一步，而承认臣对于君自卫的权利。所谓“君之视臣如土芥，则臣视君如寇仇”；“寇仇，何服之有”？见《孟子·离娄下》。这是承认遇见了暴君，人臣没有效忠的义务的。再进一步，则主张臣本非君的私人，不徒以效忠于君为义务。所谓“有安社稷臣者，以安社稷为悦”，见《孟子·尽心上》。“若为己死而为己亡，非其私昵，谁敢任之？”齐庄公死后晏子说的话，见《左传》。这是儒家对于君臣之义的改善。君臣尚且如此，君民更不必说了。古代的人，只知道亲族的关系，所以亲族以外的关系，也以亲族之道推之，所以以君臣和父子等视；所以说臣弑其君，子弑其父，是人伦的大变。然而既已承认视君如寇仇，则弑君之可不可，实在已成疑问；臣且如此，民更不必说了。——在古代，本亦没有民弑其君这句话。儒家君臣民之义，明白如此。后世顾有以王朝倾覆，樵夫牧子，捐躯殉节为美谈的，那真不知是从何而来的道理了。

儒家是出于司徒之官的，司徒是主教之官，所以儒家也最重教化。这是人人能明白的道理，用不著多讲。所当注意的，则（1）儒家之言教化，养必先于教。“救死而恐不赡，奚暇治礼义哉？”生活问题如没有解决，在儒家看起来，教化两字，简直是无从谈起的。（2）儒家养民之政，生产、消费、分配，三者并重，而其视消费和分配，尤重于生产。因为民之趋利，如水就下，只要你不去妨害他，他对于生产，自然会尽力的，用不著督促，倒是分配而不合理，使人欲生产而无从；消费而不合理，虽有一部分尽力于生产的人，亦终不能给足；而且奢与惰相连，逾分的享用，会使人流于懒惰。所以制民之产，和食之以时，用之以礼，同为理财的要义，不可或缺。（3）所谓教化，全是就实际的生活，为之轨范。譬如乡饮酒礼，是所以教悌的；乡射礼，是所以教让的；都是因人民本有合食会射的习惯，因而为之节文，并非和生活无关的事，硬定出礼节来，叫人民照做；更非君与臣若干人，在庙堂之上，像做戏般表演，而人民不闻不见。可参看《唐书·礼乐志序》。这三点，是后世的人，颇欠注意的；至少，对于此等关系，看得不如古人的清澈。

儒家又有通三统之说。所谓通三统，是封前代的二王之后以大国，使之保存其治法，以便自己的治法不适宜时，取来应用。因为儒者认为“三王之道若循环，终而复始”。所谓三王之道若循环，便是：

> 夏之政忠。忠之敝，小人以野，故殷人承之以敬。敬之敝，小人以鬼，故周人承之以文。文之敝，小人以薄，故救薄莫若以忠。《史记·高祖本纪赞》。薄，今本作“僿”，徐广曰：“一作薄。”今从之。

儒家一方面兼采四代之法，以为创立制度的标准，而于施政的根本精神，则又斟酌于质文二者之间，其思虑可谓很周密了。所谓四代，就是虞、夏、殷、周。虞、夏的治法，大概是很相近的，所以有时也说三代。孔子兼采四代之法，读《论语·卫灵公》篇颜渊问为邦一节，最可见之。孔子答颜渊之问，是“行夏之时，乘殷之辂，服周之冕，乐则韶舞”。并不是为邦之事尽于此四者，这四句，乃是兼采四代，各取所长之意。孔子论治国之法，总是如此的，散见经传中的，不胜枚举。这是他精究政治制度，而又以政治理论统一之的结果。以政治思想论，是颇为伟大的。这不但儒家如此，就阴阳家也是如此。

阴阳家之始，行夏之时一句话，就足以尽其精义。阴阳家是出于羲和之官的，是古代管天文历法的官。古代生计，以农为本，而农业和季节，关系最大，一切政事，不论是积极的、消极的，都要按著农业的情形，以定其施行或不施行。其具体的规则，略见于《礼记》的《月令》、《吕氏春秋》的《十二纪》、《管子》的《幼宫》、《淮南子》的《时则训》。这四者是同源异流、大同小异的。颜渊问为邦，孔子所以要主张行夏之时，因为行夏时，则（1）该办的事，都能按时兴办；（2）不该办的事，不致非时举行。好比在学校里，定了一张很好的校历，一切事只要照著他办，自然没有问题了。孔子所以主张行夏之时是为此，并非争以建寅之月为岁首。空争一个以某月为岁首，有什么意义呢？阴阳家本来的思想，亦不过如此。这本是无甚深意的，说不上什么政治思想。至于政令为什么不可不照著这个顺序行，则他们的答案是天要降之以罚。所谓罚，就是灾异，如《月令》等书有载，春行夏令，则如何如何之类，这并不离乎迷信，更足见其思想的幼稚了。但是后来的阴阳家，却不是如此。

阴阳家当以邹衍为大师。邹衍之术《史记》说他：

深观阴阳消息，而作怪迂之变，《终始》《大圣》

之篇，十余万言。其语闳大不经。必先验小物，推而大之，至于无垠。先序今以上至黄帝，学者所共术。大并世盛衰。因载其禨祥度制，推而远之，至天地未生，窈冥不可考而原也。……称引天地剖判以来，五德转移，治各有宜，而符应若兹。

邹衍的五德终始，其意同于儒家的通三统。他以为治法共有五种，要更迭行用的。所以《汉书·严安传》引他的话，说：

政教文质者，所以云救也。当时则用，过则舍之，有易则易之。

其意跃然可见了。《史记》说衍之术迂大而闳辩，奭也文具难施，则邹奭并曾定有实行的方案，惜乎其不可见了。阴阳家的学说，缺佚太甚，因其终始五德一端，和儒家的通三统相像，所以附论之于此。核其思想发生的顺序，亦必在晚周时代，多见历代的治法，折衷比较，然后能有之。然其见解，较之法家，则又觉其陈旧。所以我以为他是和儒家同代表西周时代的思想的。

儒家的政治思想，是颇为伟大周密的，其缺点在什么地方呢？那就在无法可以实现。儒家的希望，是有一个“王”，根据著最高的原理，以行政事，而天下的人，都服从他。假如能够办到，这原是最好的事。但是能不能呢？其在大同之世，社会甚小，事务既极单简，利害亦相共同；要把他措置得十分妥帖，原不是件难事。但是这种社会，倒用不著政治了——也可以说本来没有政治的。至于扩而大之；事务复杂了，遍知且有所不能，何从想出最好的法子来？各方面的利害，实在冲突得太甚了，调和且来不及，就有好法子，何法使之实行？何况治者也是一个人，也总要顾著私利的。超越私人利害的人，原不能说是没有，但治天下决不是一个人去治，总是一个阶级去治，超越利害的私人，则闻之矣，超越利害之阶级，则未之闻。所以儒家所想望的境界，只是镜花水月，决无实现的可能。儒家之误，在于谓无君之世的良好状态，至有君之世，还能保存；而且这个“君道”，只要扩而充之，就可以做天下的“王”。殊不知儒家所想望的黄金世界，只是无君之世才有，到有君之世，就不是这么一回事了。即使退一步，说有君之世，也可以有一个准健康体，我们的希望，就姑止于是，然而君所能致之治，若把“君”的地位抬高扩大而至于“王”，也就无法可致了。因为治大的东西，毕竟和小的不同；对付复杂的问题，到底和简单的不同。所以儒家的希望，只是个镜花水月。

（五）法家

法家之学，在先秦诸子中，是最为新颖的。先秦诸子之学，只有这一家见用于时；而见用之后，居然能以之取天下；确非偶然之事。

法家之学，详言之，当分为法术两端，其说见于《韩非子》的《定法》篇。法术之学的所以兴起，依我看来，其理由如下：

（1）当春秋之世，列国之间，互相侵夺；内之则暴政亟行。当此之时，确有希望一个霸或王出来救世的必要。——后来竟做到统一天下，这是法家兴起之世所不能豫料的。法家初兴之时，所希望的，亦不过是霸或王。而要做成一个霸或王，则确有先富国强兵的必要。要富国强兵，就非先训练其民，使之能为国效力不可。这是法家之学之所以兴起的原因。

（2）一个社会中，和一人之身一样的。不可有一部分特别发达。一部分特别发达，就要害及全体了。然社会往往有此病。一社会中特别发达的一部分，自然是所谓特权阶级。国与民的不利，都是这一阶级所为。法家看清了这一点，所以特别要想法子对付他。

法家主要的办法，在“法”一方面，是“一民于农战”。要一民于农战，当然要抑商贾，退游士。因为商贾是剥削农民的，商贾被抑，农民的利益，才得保全。国家的爵赏有限，施之于游士，战士便不能见尊异。“术”一方面的议论，最重要的，是“臣主异利”四个字。这所谓臣，并不是指个人，而是指一个阶级。阶级，在古人用语中，谓之朋党。朋党并不是有意结合的，只是“在某种社会中，有某种人，在某一方面，其利害处于共同的地位；因此有意的，无意的，自然会做一致的行动”。不论什么时代、什么社会里，总有一个阶级，其利害是和公益一致的。公共的利益，普通人口不能言，而这一阶级的人，知其所在；普通人没有法子去达到，而这一阶级的人，知其途径，能领导著普通人去趋赴；他们且为了大众，而不恤自己牺牲。这一个阶级，在这个时代，就是革命的阶级。社会的能否向上，就看这一个阶级能够握权周否。这一个阶级，在法家看起来，就是所谓法术之士。

法家本此宗旨，实行起来，则其结果为：

（1）官僚的任用。这是所以打倒旧贵族的。李斯《谏逐客书》庸或言之过甚，然而秦国多用客卿，这确是事实。《荀子·强国》篇说：

> 入境……及都邑官府，其百吏肃然，莫不恭俭敦敬忠信而不楛，古之吏也。入其国，观其士大夫，出于其门，入于公门，出于公门，归于其家，无有私事也；不比周，不朋党，倜然莫不明通而公也，古之士大夫也。观其朝廷，其间听决百事，不留，恬然如无治者，古之朝也。

这就是多用草茅新进之士的效验，腐败的旧贵族，万办不到的。秦国政治的所以整饬，就得力于此。

（2）国民军的编成。古代造兵之法有两种：其一如《管子》所述轨里连乡之制。有士乡，有工商之乡。作内政寄军令之法，专施之于士乡，工商之乡的人，并不当兵。此法兵数太少，不足以应付战国时的事势。其二是如《荀子·议兵》篇所述魏国之法。立了一种标准，去挑选全国强壮的人当兵。合格的，就复其户，利其田宅。这种兵是精强了。然而人的勇力，是数年而衰的，而复其户，利其田宅的利益，不能遽行剥夺。如此，要编成多数的兵，则财力有所不给；若要顾虑到财政，则只好眼看著兵力的就衰。所以这种兵是强而不多，甚至于并不能强。只有秦国的法，刑赏并用，使其民非战无以要利于上，才能造成多而且精的兵。秦国吞并六国时，其兵锋东北到辽东，东南到江南。其时并不借用别地方的兵，都是发关中的军队出去打的。这是何等强大的兵力？秦人这种兵力，都是商君变法所造成。

以上两端，是法术之学应用到实际的效果。法家的长处，在于最能观察现实，不是听了前人的议论，就终身诵之的。所以他在经济上的见解，也较别一家为高超。儒家主张恢复井田，他则主张开阡陌。儒家当商业兴起之世，还说市廛而不税，关讥而不征。他则有轻重之说：主张将（1）农田以外的土地——山泽，和（2）独占的大企业——盐铁，收归国营；而（3）轻重敛散和（4）借贷，亦由国家操其权；免得特殊阶级，借此剥削一般人。轻重之说，不知当时曾否有个国家实行？开阡陌一事，虽然把古来的土地公有制度破坏了，然而照我们的眼光看，土地公有之制，在实际是久经破坏了的，商君不过加以公开的承认；而且在当时，一定曾借此施行过一次不回复旧法的整理。这事于所谓尽地力，是很有效的，该是秦国致富的一个大原因。

法家的政策如此，至其所以行之之道，则尽于“法自然”三字。法自然含有两种意义。其一自然是冷酷的，没有丝毫感情搀杂进去，所以法家最戒释法而任情。其二自然是必然的，没有差忒的，所以要信赏必罚。

法家之学，在先秦诸子中，是最新颖的，最适合于时势的，看上文所说，大略可以知道了。法家亦是先秦诸子之一，怎么在前面，又说先秦诸子的思想，都是落伍的呢？法家之学，亦自有其落伍之处。落伍之处在哪里呢？便是不知道国家和社会的区别。国家和社会，不是一物，在第二讲中，早已说过了。因此，国家和社会的利益，只是在一定的限度内是一致的，过此以往，便相冲突。国家是手段，不是目的。所以国家的权力，只该扩张到一定的程度，过此以往，便无功而有罪。法家不知此义，误以为国家的利益，始终和社会是一致的。社会的利益，彻头彻尾，都可用国家做工具去达到，就有将国权扩张得过大之弊。秦始皇既并天下之后，还不改变政策，这是秦朝所以灭亡的大原因。这种错误，不是秦始皇个人的过失，也不是偶然的事实；而是法家之学必至的结果。所以说法家的思想，也是落伍的。这一层道理，说起来话很长，现在仅粗引其端，其详细，讲到将来，自然更可明白。

“名法”二字，在古代总是连称的。名家之学，如惠施、公孙龙等，所说很近乎诡辩，至少是纯粹研究哲理的，如何会和法家这种注重实用的学问，发生密切的关系呢？关于这个问题，我的意见如此：礼是讲究差别的。为什么要差别，该有一个理论上的根据，从此研求，便成名家之学，而法家之学，是要讲综核名实的。所谓综核名实，含有两种意义：（1）察其实，命之以名。如白的称它为白，黑的称它为黑；牛呼之为牛，马呼之为马。此理推之应用，则马因才任使，如智者使之谋，勇者使之战。（2）循其名，责其实。有谋的责任的，不该无所用心；有战的责任的，不该临阵奔北。如此当加之以罚，能尽职则加之以赏。名家玄妙的理论，虽和法家无关，而其辨别名实的精细，则于法家的理论，深有裨益，所以法家亦有取于名家。名家关涉政治的一方面，已为法家所包含。其玄妙的一部分，则确与政治无关，所以现在不再讲述。还有兵家，亦不是单讲战守的，其根本问题，亦往往涉及治国。这一部分，亦已包含于法家之中，所以今亦不述。

第五讲　秦汉时代的社会

秦以前的政治，和周以前不同，是谁都会说的。然则其不同之处究竟安在呢？

秦始皇并天下后，令丞相御史说：天下大定，而名号不更，无以称成功，传后世。命他们议自己的称号，丞相御史等议上尊号的奏，亦说他“平定天下，海内为郡县，法令由一统，自上古以来未尝有，五帝所不及”。后来赵高弑二世，召集诸大臣公子说：“秦故王国，始皇君天下，故称帝。今六国复自立，秦地益小，乃以空名为帝，不可；宜为王如故。”于是立公子婴为秦王。据此看来，当时的人，对于皇和帝的观念，确是不同的。其异点，就在一“君天下”，一“不君天下”。当春秋时代和战国的前半期，希望尽灭诸国，而自己做一个一统之君，这种思想，大概还无人敢有。并吞六国、统一天下的思想，大概是发生于战国的末期的。前此大家所希望的，总不过是霸或王罢了。然而列国纷争，到底不是苏秦的合从所能加以团结；亦不是张仪的连衡，所能息其兵戈；悬崖转石之机，愈接愈厉，到底并做一国而后已。这可以说是出于前此政治家的虑外的。

帝政成功，则（1）内战可息；（2）前此列国间经济上的隔阂，亦可消除；如撤去列国时代所设的关，出入无需通行证。而且统一之后，对外的力量，自然加强；中国未统一时，蒙古高原不曾有像汉以后匈奴等强大的游牧民族，是中国的天幸。这确较诸霸或王更为有利。但是帝政成功了，君政却全废坠了。

怎样说帝政成功，而君政废坠呢？原来“君者善群也”。他的责任，就是把一群中的事情，措置得件件妥帖。这话，在第四讲论儒家时，业经说过了。原始的君，固未必人人能如此，然以其时的制度论，则确是可以如此的。所以只要有仁君，的确可以希望他行仁政。原来封建政体，即实行分封制的贵族政体中，保留有原始“君”的制度的残余，自从封建政体逐渐破坏，此种制度，亦就逐渐变更了。这话又是怎样说呢？要明白这个道理，先要知道从封建到郡县，在政治制度上，是怎样的一个变迁。我们都知道：秦汉时的县名，有许多就是古代的国名。这许多县，并不是起于秦的。前此地兼数圻的大国中，早已包含著不少了。这就是（1）从远古相传的国，被夷灭而成为大国中的一县。这是县的起源的一种。还有（2）卿大夫的采地，发达而成为县；如《左氏》说晋国韩赋七邑，皆成县之类。以及（3）国家有意设立的。如商君并小乡聚邑为县。此三者，虽其起源不同，而其实际等于古代的一个国则一。所以县等于国，县令等于国君。以次推之，则郡守等于方伯。然则大夫是什么呢？那就是秦汉时的三老、啬夫、游徼之属了。士是什么呢？那就是里魁和什伍之属了。后世都说县令是亲民之官，其实这不过和郡以上的官比较而云然，在实际，县令还不是亲民的。若乡老以下诸职，通统没有，做县令的，也就无所施其技，虽欲尽其“君者善群”的责任而不得了。从秦汉以后，这种职守，渐渐的没落而寖至于无。所以做县令的人，也一事不能办；而只得以坐啸卧治，花落讼庭闲，为为治的极则。县令如此，郡以上的官，更不必说了。所以说“帝政成功，而君政废坠”。

君政为什么会废坠呢？于此，我们又得知道政治上阶级变迁的情形。古代的治者阶级是贵族。他的地位，是因用兵力征服被治者而得的。后世的治者阶级是官僚，官僚是君主所任用的。封建政体的破坏，不但在列国的互相并吞，亦系于一国之中世袭的卿大夫的撤废。卿大夫撤废，皆代之以官僚。灭国而不复封建，而代之以任免由己的守令，亦是如此。所以封建政体灭亡，而官僚阶级，就达于全盛。凡阶级，总是要以其阶级的利益为第一位的；而且总有一种理由，替维持阶级利益做辩护。不一定是私意。官僚阶级里并不是没有好人；尽有顾全公众的利益，而肯牺牲自己的，但是总不免为其所处的地位所局限；以为欲维持公益，非维持其时的社会组织不可，不肖的更不必说了。所以官僚阶级的性质，从理论上说，往往是如此的：

（1）所尽的责任，灭至最小限度。

（2）所得的利益，扩充至最大限度。

所谓利益，是包含（甲）权势，（乙）物质上的收入；（乙）中又包含（A）俸禄，（B）一切因做官而得的收入。此种趋势，其限制：是（a）在上者的督责，（b）在下者的反抗。除此之外，便要尽量的扩充了。所以怠惰和贪污，乃是官僚阶级的本性，不足为怪。天下尽有不怠惰、不贪污的官，此乃其人不但具有官僚性质，而无害于官僚阶级的性质，实系如此，犹之天下尽有不剥削生产者和消费者的商人，然以商业性质论，总是要以最低的价格买进，最高的价格卖出的。

官僚不但指现任官吏，凡（1）志愿做官，即准备以官为职业的人；与（2）无官之名，而与官相结托以牟利的人；都该算入官僚阶级之内。至于（3）为官的辅佐的人，那更不必说了。此三项中，尤以第二项为重要。乡职本来是人民自治的机关，其利益，该与人民一致的。官僚如欲剥削人民，乡职是应该加以反抗的。然到后来，乡职反多与官僚相结合，以剥削人民，即由于官僚阶级扩大，而将第二项人包含进去之故。如此，剥削人民的人，就日益增多，政治上顾全全体利益的方面，就不得不加以制止。要设立许多监察官，去监察乡老以下的自治职，是办不到的。就只得干脆把他废掉。这是汉世很有权威的三老啬夫等职，到后来所以有名无实，甚至并其名而无之的原因。隋世禁乡老听讼，为其间之一大转关。此等自治职既废，与官相结托以剥削人民者，遂变为现在的土豪劣绅；而自治职之仅存其名者，则沦为厮养，其本身变为被剥削者。以上是说第二项人。至于第一项，即所谓读书人。他们现在虽不做官，然而官僚阶级的得以持续，所靠的实在是这一项人。而且官僚阶级维护其阶级的理论，亦从这一项人而出。所以其关系也是很重要的。这一项人，未必都得到官做，然而前述的第二项中，包含这一项人实甚多；而且很容易转入第三项中的甲项。第三项，依其性质，再分为三类：即（甲）幕友，凡以学识辅助官者属之。（乙）胥吏，为官办例行公事。（丙）厮役，供奔走使令。（乙）之自利方法为舞文。（丙）之自利方法为敲诈。（甲）无与人民直接的机会，如欲剥削人民，必须与（乙）、（丙）或前述的第二项人联合。然官吏的固位、邀宠、卸责的谋划，大多出于甲类的人；而如干谒、行贿等事，甲类中人，亦可代为奔走。

凡一阶级，当其初兴之时，其利害，总是和大多数被压迫的人一致的。及其成功，即其取敌对阶级的地位而代之之时，其利害，便和大多数人相反了。官僚阶级取贵族而代之，即系如此。当这时代，大多数的人民，是怎样呢？因为凡稍有才力的人，都升入官僚阶级里去了。官僚阶级的数量，略有定限，自然有希望走进去而始终走不进的人。然而达得到目的与否是一事，抱这目的与否，又是一事。他们虽始终走不进去，总还希望走进去，而决不肯退到平民这一方面来，和官僚斗争。于是人民方面所剩的，就只是愚与弱。除掉以暴动为反抗外，就只有束手待毙。苏东坡《志林》论战国任侠最能道破此中消息。

在第二讲中不是说过么？凡社会总有两条心的：即（1）公心，（2）私心。私心虽是要自利，公心总是要利人的。贵族虐民，而官僚阶级出来和他反抗，就是公心的表现。即所谓法术之士。然则到官僚阶级转而虐民的时候，这种公心，到什么地方去了呢？不错，公心是无时而绝的，但是公心要有一条表显的路。在从前贵族阶级跋扈时，法术之士——即官僚阶级的前身，是作为君主为代表公心的机关，教他行督责之术，去打倒贵族阶级的。这时候，官僚阶级既代居贵族的地位，君主应即以其人之道，还治其人之身。但是理想是理想，事实是事实。理想的本性，总想做到十分，一落入事实界，就只能做到两分三分了。君主所行的是政治，政治是实际的事务。凡实际的事务，总是带有调和的性质的，即是求各种势力的均衡。官僚和民众的利益，是处于相反的地位的。而这两个阶级，都有相当的势力，做君主的，不但不能消灭那一方面，并不能过于牺牲那一方面，亦只得求其势力的均衡。所以做君主的，也只能保障官僚的剥削平民，限于某一限度以内。过此以往，便不能为人民帮忙。从前官场中总流行著一种见解："人民固应保护，做官的人，也该叫他有饭吃。"——譬如你为保护人民故，而裁撤官吏所得的陋规，官场中人，就会把这话批评你——就是这种意识的表现。

所以这时候的平民，自己是既愚且弱，不会办什么事了。官吏在责任灭至最小限度、权利扩至最大限度的原则下，不会来替你办什么事的；而且你要自己办事，还会为其所破坏。为什么呢？因为你会办事，你的能力就强了；就会反抗官吏的诛求。而且你有余款，照理，官吏是要榨取去的，怎会让你留著，谋你们的公益事务呢？如此，凡人民相生相养之事，在古代，由其团体自谋，而其后由人君代管其枢者，至此，乃悉废坠而无人过问，而人民遂现出极萧索可怜的状态。中国后世的人，都要讴思古代，这并不是无因的。因为表显在古书中那种“百废俱举，即人和人相生相养之事，积极的有计划、有规模，而人不是在最小限度之下，勉强维持其生存的现象”，在后世确乎是不可见了。在物质文明方面，总是随著时代而逐渐进步的，在社会组织方面，则确乎是退步了。人，究竟在物质文明进步、社会组织退步的环境中所得的幸福多呢，还是在物质文明较低、社会组织合理的环境中所得的幸福多呢？这本是很难说的话。何况想象的人，总只注意到古代社会组织合理的一方面，而不甚注意到其物质不发达的一方面呢？讴歌古代，崇拜古代，又何足为怪呢？所以说：帝政成功，君政废坠，实在是政治上的一个大变迁。

人，虽然和盲目的一般，不大会知道他自己所该走的路。然而经长时期的暗中摸索，也总会走上了该走的路。帝政的成功，君政的废坠，既然是政治退化的大原因，人为什么不回到老路上去，把一个大帝国，再斫而小之呢？此则由于人类本来是要联合的。无论从物质方面，精神方面讲，都是如此。而且全世界未至于风同道一，则不能不分为许多民族和国家。异民族和异国家之间，是常有冲突的。有冲突，我们亦利于大。这是已成的大帝国，不能斫而小之的原因。国既不能斫而小之，而国之内又不能无利害冲突，则只有仰戴一个能调和各阶级利害的君主，以希冀保持各阶级间势力的均衡了。帝政从秦灭六国之岁，至于亡清逊位之年，凡绵历二千余载，其原理即由于此。

然则当其时，在政治上，为人民的大害的，就是官僚——用旧话说，可以说是士大夫阶级。——要治天下，就是要把这一个阶级划除，但是要把这一个阶级划除，除非人民自行觉悟奋起不可——君主只能调和于两者之间，前面已经说过了——这是谈何容易的事。所以这时代，所谓政治思想，亦都是官僚阶级的政治思想。官僚阶级的政治思想，又是怎样呢？凡是人的思想，总不免于落伍，这个道理，在第四讲中，已可明白。所以周秦的思想，在周秦之世，已经落伍了，而汉以后人还是沿袭着它，他们受时势的影响而有所发展，可以分做三派：

其一，是看到人民的贫苦愚弱，而想要救济他们的，却没有想到救济人民，没有这一个操刀代斫的阶级。你叫他操刀，他就不代人家斫，而为着自己的目的斫了。

其二，是看到官僚阶级的罪恶，想要对付他的。但是此时的官僚阶级，和前此的贵族阶级不同，前此的贵族阶级，已经走到末路了，所以有新兴的官僚阶级出来打倒他。此时的官僚阶级则尚未至于末路，没有新兴的阶级，所以他始终没有被打倒。

其三，亦知道下级人民，贫苦愚弱得可怜。但是社会的本身，复杂万分。什么事都不是直情径行，所能达其目的的，不但不能连其目的，还怕像斯宾塞所说的那样：修理一块失平的金属板，就在凸处打一锥，凸处没有平，别的地方，倒又凹凸不平起来了。所以照这派人的意见，还是一事不办的好。

这三派的思想，我们把它们排列起来，则

（1）左派：儒家。

（2）中间派：法家。

（3）右派：道家。

我们现在，却先从道家讲起。

第六讲　汉代的政治思想

道家是汉定天下以后最早得势的学派。他的思想我们可以盖公和汲黯两个人来做代表。盖公之事，见于《史记·曹相国世家》。《曹相国世家》说，曹参以孝惠帝元年做齐国的丞相，此时天下初定，参尽召长老诸生，问所以安集百姓，诸儒以百数，言人人殊，参未知所定。闻胶西有盖公善治黄老言，使人厚币请之。盖公为言治道贵清静而民自定。曹参听了他的话，相齐九年，齐国安集，人称贤相。后来做了汉朝的宰相，也还是用这老法子。《史记》上记载这两件事，最可见得当时道家的态度。

参去，属其后相曰：以齐岳市为寄，慎勿扰也。后相曰：治无大于此者乎？参曰不然，夫岳市者，所以并容也，今君扰之，奸人安所容也？吾是以先之。

为汉相国，举事无所变更，一遵萧何约束。择郡国吏，木诎于文辞重厚长者，即召除为丞相史。吏之言文刻深欲务声名者，辄斥去之。

于此，我们可以知道道家得失。他的所谓并容里面，实包含着无限的丑恶。不务绝奸人，而反求所以并容之，天下哪有这治法？然而却能得到好声名，这是何故？原来天下事最怕的，是上下相蒙。大抵善为声名的人，总是涂泽表面，而内容则不堪问。你叫他去治岳市，他在表面上替你把岳市治得很好了，便是你自己去查察，也看不出什么毛病来，然而实际可以更坏。为什么呢？（1）他会嘱咐手下的人，说丞相要来查察什么什么事情——表面上的——你们要得当心些，暗中就可风示他，实际的事情拆烂污些不妨，甚至于公然嘱咐，只要涂泽表面就够了。如此，手下的人本来胆小不敢作弊的，就敢作弊了。本来老实不会作弊的，就会作弊了。（2）他可以威胁岳市中的人不敢举发他的弊病，甚而还要称颂他。（3）而他还可以得些物质上不正当的利益。所谓巧宦，其弊如此。所以用这一种人去治国，是旧弊未除，又生新弊。简而言之，就是弊上加弊，弊+弊=2弊。倒不如用老实的人，他虽无能力改良事情的内容，倒也想不出法子来，或者虽想得出法子而也不敢去涂泽表面，这却是弊+0，所以从来用质朴无能的人，可以维持现状，使其不致更坏，即由于此。这就是曹参的所以成功，岂但曹参，汉文帝所以被称为三代后的贤君，也不外乎这个道理。所以后来汉武帝所做的事情，有许多并不能说是没有理由，至少他对朝臣所说的吾欲云云，其所云云者，决不是坏话，然而汲黯看了，他就觉得很不入眼，要说他内多欲而外施仁义，奈何欲效唐虞之治了。

然则在中国历史上，放任政策总得到相当的成功，确有其很大的理由。这种放任政策确也不能不承认他是有相当的长处。然而其长处，亦只是维持现状而已，要说到改进治化就未免南辕北辙。试即以汉文帝之事为证。《史记·平准书》说：

> 至今上即位数岁，汉兴七十余年之间，国家无事，非遇水旱之灾，民则人给家足，都鄙廪庾皆满，而府库余货财。京师之钱累巨万，贯朽而不可校。太仓之粟，陈陈相因，充溢露积于外，至腐败不可食。众庶街巷有马，阡陌之间成群，而乘字牝者摈而不得聚会。守闾阎者食粱肉，为吏者长子孙，居官者以为姓号，故人人自爱而重犯法，先行义而后绌耻辱焉。当是之时，网疏而民富，役财骄溢，或至兼并，豪党之徒，以武断于乡曲。

兼并总是行于民穷财尽之时的，果真人给家足，谁愿受人的兼并？又谁能兼并人？然则《史记》所述富庶的情形，到底是真的呢，假的呢？从前有人说所谓清朝盛时的富庶，全是骗人的。不然为什么当时的学者如汪中、张惠言等，据其自述未达之时，会穷苦到这步田地。难道这些学者都是骗人的么？我说两方面的话，都是真的。大抵什么时代都有个不受人注意的阶级，他就再困苦煞，大家还是不闻不见的。所谓政简刑清，所谓人给家足，都只是会开口的、受人注意的阶级，得些好处罢了。所以董仲舒说：

富者田连阡陌，贫者亡立锥之地，又颛川泽之利，筦山林之饶，荒淫越制逾侈以相高，邑有人君之尊，里有公侯之富。……贫民常衣牛马之衣，而食犬彘之食。

晁错也说：

今农夫五口之家，其服役者不过二人，其能耕者不过百亩，百亩之收，不过百石。春耕夏耘，秋获冬藏，伐薪樵，治官府，给繇役，春不得避风尘，夏不得避暑熱，秋不得避阴雨，冬不得避寒冻，四时之间，亡日休息。又私自送往迎来，吊死问疾，养孤长幼在其中。勤苦如此，尚复被水旱之灾，急政暴虐，赋敛不时，朝令而暮改。当其有者半价而卖，亡者取倍称之息，于是有卖田宅鬻子孙以偿责者矣。而商贾大者积贮倍息，小者坐列贩卖，操其奇赢，日游都市，乘上之急，所卖必倍。故其男不耕耘，女不蚕织，衣必文采，食必粱肉，亡农夫之苦，有阡陌之得，因其富厚，交通王侯，力过吏势，以利相倾，千里游敖，冠盖相望，乘坚策肥，履丝曳缟。此商人所以兼并农人，农人所以流亡者也。

观此则《史记》所谓人给家足，是什么人，什么家，就很可以明白了，何怪其有兼并和被兼并的人呢？然则《汉书·刑法志》说：

及孝文即位，躬修玄默，劝趣农桑，减省租赋。而将相皆旧功臣，少文多质，惩恶亡秦之政，论议务在宽厚，耻言人之过失。化行天下，告讦之俗易，吏安其官，民乐其业，畜积岁增，户口寖息，风流笃厚，禁网疏阔。选张释之为廷尉，罪疑者予民，是以刑罚大省，至于断狱四百，有刑错之风。

这所谓禁网疏阔，就是《史记·平准书》所谓网疏；断狱四百，并非天下真没有犯罪的人，不过纵释弗诛罢了。所纵释的是何等样人，也就可想而知了。所以历代的放任政策，其内容，是包含著无限的丑恶的。难怪儒家要主张革命了。

汉代儒家的思想，可以分为两大端：一为均贫富，一为兴教化。他们的均贫富，还是注意于平均地权，激烈的要径行井田，缓和的则主张限民名田。他们对于经济的发展，认识是不足的，所以都主张重农抑商，主张返于自给自足时代经济孤立的状况。这个读《盐铁论》的《散不足》篇最易见得。关于经济问题，近来研究的人多了，书籍报章杂志时有论述，大家都有些知道，现因时间短促，不再多讲。现在且略述汉儒兴教化的问题。

汉儒对于兴教化，有一点，其见解是远出于后世人之上的。我们试看《史记·叔孙通传》，当他要定朝仪的时候：

> 使征鲁诸生三十余人。鲁有两生不肯行，曰：……今天下初定，死者未葬，伤者未起，又欲起礼乐。礼乐所由起，积德百年而后可兴也。吾不忍为公所为，公所为不合古。

这正和古人所谓先富后教，乐事劝功，尊君亲上，然后兴学同。所以汉人所谓兴教化，其根本乃在于改制度。我们试看《汉书·贾谊传》载他的话说：

秦人家富子壮则出分，家贫子壮则出赘。借父耰钽，虑有德色，母取箕帚，立而谇语；抱哺其子，与公併倨，妇姑不相说，则反唇而相稽。其慈子耆利，不同禽兽者亡几耳。……天下大败，众掩寡，知欺愚，勇威怯，壮陵衰，其乱至矣。……其遗风余俗，犹尚未改，今世以侈靡相竞，而上亡制度，弃礼义，捐廉耻，日甚，可谓月异而岁不同矣。逐利不耳，虑非顾行也，今其甚者，杀父兄矣。盗者剟寝户之帘，搴两庙之器，白昼大都之中，剽吏而夺之金，矫伪者出几十万石粟，赋六百余万钱，乘传而行郡国，此其亡行义之尤至者也。

可谓痛切极了。而他又说：

而大臣特以簿书不报，期会之间，以为大故。至于俗流失，世败坏因恬而不知怪，虑不动于耳目，以为是适然耳。夫移风易俗，使天下回心而乡道，类非俗吏之所能为也。……夫立君臣，等上下，使父子有礼，六亲有纪，此非天之所为，人之所设也。夫人之所设，不为不立，不植则僵，不修则坏。

他之所谓设则是：

以为汉兴二十余年，天下和洽，宜今“义”字。当改正朔，易服色制度，定官名，兴礼乐，乃草具其仪法，色上黄，数用五，为官名悉更，奏之。

色上黄，数用五，由今看来，固然是毫无关系之事，如此改革，似乎滑稽而且不离乎迷信，然而古人所谓改正朔、易服色等事，并不是像后世止于如此而已，而是相连有一套办法的。这个读第四讲中论儒家的话已可见得。然则当时贾谊所主张改变的，决不止此两事，不过《史记》《汉书》都语焉不详罢了。但看他“为官名”三个字——这是改变一切机关——便可知其改革规模之大。

再一个显著的例，便是董仲舒。他说：

自古以来，未尝有以乱济乱，大败天下如秦者也。其遗毒余烈，至今未灭。使习俗薄恶，人民嚣顽，抵冒殊扞，孰烂如此之甚者也。孔子曰："腐朽之木不可雕也，粪土之墙不可圬也。"今汉继秦之后，如朽木粪墙矣。虽欲善治之，亡可奈何。法出而奸生，令下而诈起，如以汤止沸，抱薪救火，愈甚亡益也。窃譬之，琴瑟不调，甚者必解而更张之，乃可鼓也。为政而不行，甚者必变而更化之，乃可理也。

董仲舒对于汉代制度的改革，是大有功劳的人。"推明孔氏，抑黜百家，立学校之官，州郡举茂材孝廉，皆自仲舒发之。"

其尤激烈的则为翼奉。他以为：

祭天地于云阳汾阴，及诸寝庙，不以亲疏迭毁，皆烦费，违古制。又宫室苑囿，奢泰难供，以故民困国虚，亡累年之蓄。所繇来久，不改其本，难以末正。乃上疏曰：臣闻古者盘庚改邑，以兴殷道，圣人美之。窃闻汉德隆盛，在于孝文……如令处于当今，因此制度，必不能成功名。……臣愿陛下徙都于成周……迁都正本，众制皆定。

生活是最大的教育，要人民革新，必须替他造出新环境来，置之新环境中，虽日挞而求其旧，不可得矣。间尝论之，儒家之兴，并非偶然之事，秦始皇虽然焚书坑儒，然当他坑儒的时候曾说：

> 吾前收天下书不中用者尽去之，悉召文学方术士甚众，欲以兴太平，方士欲练以求奇药。

“欲以兴太平”上，当夺“文学”两字。文学便是当时的儒家。可知始皇并非不用儒者，所以要用儒者，就是因为当时的天下非更化不可，要更化非改制度不可，而改制度之事，惟有儒家最为擅长。所以假使秦始皇享国长久，海内更无其他问题，他一定能有一番改革——建设——改革。秦皇汉武正是一流人。

儒家所谓教化，其先决问题是民生，至于直接手段则是兴庠序，看《汉书·礼乐志》便可知道。他们对于现状，是认为极度的不安，而想要彻底改革的，所以我说他们是最革命的。

然而儒家不能不为法家所窃笑。为什么呢？我们试读《汉书》的《元帝本纪》：

> 立为太子……柔仁好儒，见宣帝所用多文法吏，以刑

名绳下，大臣杨恽、盖宽饶等坐刺讥辞语为罪而诛，尝侍燕从容言：陛下持刑太深，宜用儒生。宣帝作色曰：汉家自有制度，本以霸王道杂之，奈何纯任德教、用周政乎？且俗儒不达时宜，好是古非今，使人眩于名实，不知所守，何足委任？乃叹曰：乱我家者，太子也。

宣帝所谓霸，便是法家；所谓王，是儒家；以霸王道杂之，谓以督责之术对付官僚阶级，以儒家宽仁之政对待人民。质而言之，便是“严以察吏，宽以驭民”，这实在是合理的治法。倘使纯用霸道，则待人民太暴虐，全社会都将骚然不宁，丧其乐生之心，这便是秦朝的所以灭亡。至于纯用王道，则元帝便是一个榜样。我们试将《元帝纪》读一过。儒家所谓宽仁之政，几于史不绝书，然而汉治反于此时大坏，这是什么缘故呢？因为官僚阶级的利益是和人民相反的，要保护人民，其要义就在于约束官僚，使不能为民害，若并官僚阶级而亦放纵之，那就是纵百万虎狼于民间了。汉朝政治之放纵——督责之术之废弛，是起于元帝之世的，所以汉朝的政治，也坏于元帝时。为什么元帝会放纵治者阶级使为民害呢？其弊便在于不察名实。名就是理论，实就是情形，理论虽好，要和现状相合方才有用。比如合作运动自然是好的，然而能否推行于中国社会，换一方面说，便是现在的中国社会能否推行合作运动？更具体些说，叫农民组织合作社，向农民银行借款。到底来借款的是真正农民呢，还是营高利贷业者的化身？这是大须考虑的。假如说现在来贷款的都是真正农民了，然而现在的农民银行设立尚未普遍，假使要普遍设立，是否能保持现在的样子——即来贷款者真正都是农民——如曰能之，还是目前就能够呢，还是要一面养成人才，一面整顿吏治徐徐进行的呢？如此便又发生推广的迟速问题。这些都是应该考虑的、应该考察的实际。合作事业的能否办好，就看这种事先的考虑是否周密，随时的考虑是否认真，单是精于理论，即对于书本上的合作有研究，是无用的。现今模仿外国所以不能成功，甚至反有弊病，即由于此。汉儒的崇拜古人，就和现在的崇拜外国一样，不论什么事，只要儒家的书上说古代是如此的，就以为是好的，而不管所谓古代者其情形与现代合不合，这正和现代有些人，只要是外国的总是好的，而不管其和中国社会的情形合不合一样——此等人不论其所崇拜的是什么东西，总之皆成为偶像了。要打倒偶像，这种偶像，就是该首先打倒的。泥塑木雕的倒还在其次。不察名实，自然不达时宜——就是不知道现在该怎样，不知道现在该怎样，自然可以信口开河——是古非今了。

法家也有法家的毛病，便是董仲舒所谓诛名而不责实，——诛名而不责实，其实也还是不察名实。——然而真正的法家，的确不是如此。汉朝虽号称崇儒，其实在政治上，有许多卓绝的法家。而我所要力劝大家读的，尤其是《汉书》的《黄霸传》。现在且不避文繁，节录其辞如下：

> 黄霸字次公，淮阳阳夏人也。以豪杰役使，徙云陵。霸少学律令，喜为吏。……霸为人明察内敏，又习文法，然温良有让，足知，善御众。……自武帝末，用法深。昭帝立，幼，大将军霍光秉政，大臣争权，上官桀等与燕王谋作乱，光既诛之，遂遵武帝法度，以刑罚痛绳群下，繇是俗吏尚严酷以为能，而霸独用宽和为名。会宣帝即位，在民间时知百姓苦吏急也。闻霸持法平，召以为廷尉正，数决疑狱，庭中称平。守丞相长史，坐公卿大议庭中，知长信少府夏侯胜非议诏书大不敬，霸阿从不举劾，皆下廷尉，系狱当死。霸因从胜受《尚书》狱中。……上擢霸为扬州刺史。……为颍川太守。……时上垂意于治，数下恩泽诏书，吏不奉宣。……霸为选择良吏，分部宣布诏令。……使邮亭乡官皆畜鸡豚，以赡鳏寡贫穷者。然后为条教，置父老师帅伍长，班行之于民间，劝以为善防奸之意，及务耕桑，节用殖财，种树畜养，去食谷马。米盐靡密，初若

烦碎，然霸精力能推行之。吏民见者，语次寻绎，问它阴伏，以相参考。尝欲有所司察，择长年廉吏遣行，属令周密。吏出，不敢舍邮亭，食于道旁，乌攫其肉。民有欲诣府口言事者适见之，霸与语道此。后日吏还谒霸，霸见迎劳之，曰：甚苦，食于道旁，乃为乌所盗肉。吏大惊，以霸具知其起居，所问毫厘不敢有所隐。鳏寡孤独有死无以葬者，乡部书言，霸具为区处，某所大木可以为棺，某亭猪子可以祭，吏往皆如言。其识事聪明如此，吏民不知所出，咸称神明。奸人去入它郡，盗贼日少。霸力行教化而后诛罚，务在成就全安。……霸以外宽内明得吏民心，户口岁增，治为天下第一。征守京兆尹。……归颍川太守官。……治如其前。前后八年，郡中愈治。是时凤皇神爵数集郡国，颍川尤多。天子……下诏称扬曰：颍川太守霸，宣布诏令，百姓乡化，孝子弟弟贞妇顺孙，日以众多，田者让畔，道不拾遗，养视鳏寡，赡助贫穷，狱或八年亡重罪囚，吏民乡于教化，兴于行谊……代邴吉为丞相……京兆尹张敞舍鹖雀飞集丞相府，霸以为神雀，议欲以闻。敞奏霸曰：窃见丞相请与中二千石博士杂问郡国上计长吏守丞，为民兴利除害，成大化，条其对，有耕者让畔，男女异路，道不拾遗，及举孝子弟弟贞妇者为一辈，先上殿，举而不知其人数者次之，不为条教者在后叩头谢。丞相虽口不言，而心欲其为之也。长吏守丞对时，臣敞舍有鹖雀飞止丞相府屋上，丞相以下见者数百人。边吏多知鹖雀者，问之，皆阳不知。丞相图议上奏曰：臣闻上计长吏守丞以兴化条，皇天报下神雀。后知从臣敞舍来，乃止。郡国吏窃笑丞相仁厚有知略，微信神怪也。昔汲黯为淮阳守，辞去之官，谓大行李息曰：御史大夫张汤怀诈阿意，以倾朝廷，公不早白，与俱受戮矣。息畏汤，终不敢言。后汤诛败，上闻黯与息语，乃抵息罪而秩黯诸侯相，取其思竭忠也。臣敞非敢毁丞相也，诚恐群臣莫白，而长吏守丞畏丞相指，归舍法令，各为私教，务相增加，浇淳散朴，并行伪貌，有名亡实，倾摇解怠，甚者为妖。假令京师先行让畔异路，道不拾遗，其实亡益廉贪贞淫之行，而以伪先天下，固未可也，即诸侯先行之，伪声轶于京师，非细事也。汉家承敝通变，造起律令，即以劝善禁奸，条贯详备，不可复加。宜令贵臣明饬长吏守丞，归告二千石，举三老、孝弟、力田、孝廉、廉吏，务得其人，郡事皆以义法令检式，毋得擅为条教，敢挟诈伪以奸名誉者，必先受戮，以正明好恶。……

豪杰役使，颜师古曰：身为豪杰而役使乡里人也。可见黄霸本是所谓土豪劣绅之流。大抵善于邀名的人，必求立异于众。——因为不立异，则不过众人中的一人，天下人如此者多，就不足以得名了。……黄霸本是个务小知任小数的人，论他的才具很可以做一个汉朝的文吏，只因当时的官吏竟趋于严酷，为舆论所反对，乃遂反之以立名，而适又有夏侯胜的《尚书》以供其缘饰，又适会宣帝要求宽仁之吏，就给他投机投个正著，一帆风顺，扶摇直上了。生活是最大的教育，人是不能以空言感化的，人是个社会动物，处在何等社会中，就形成何等样人，丝毫不能勉强，断非空言之力所能挽回。所以古来言教民者，必在既富之后，质而言之，就是替他先造新环境，新环境既已造成，就不待教而自正了。如其不然，就万语千言悉成废话，这种道理，当发为空论之际，也是人人懂得的。及其见诸实施，却又以为人民可以空言感化，至少以为要先把人心改变过来，然后制度乃可随之而改了。人类缺乏一贯的思想，处处现出自相矛盾的景象，真可叹息。人民可以空言化，在庙堂之上的人，或者和社会隔绝了，信以为实。然在奉行其事的人，是不会不知道实际的情形的，然而竟没有一个人把无益实际的话入告，只见诏书朝下于京城宣布，夕遍于海澨，人类的自欺欺人，实在更可叹息。有手段的人，他要人家说的话，自然会有人替他说的，他要人家不说话，自然没有人敢说。他希望有什么事，自然会有人造作出来，他希望没有什么事，自然会有人替他隐讳掉。我们只要看边吏多知鹖雀，问之皆阳不知，便可知道黄霸治郡时，所谓盗贼日少，户口岁增，是虚是实了。然则他怎会获得如此的好名誉呢？大抵人有两种：一种是远听的，一种是近看的。声名洋溢的人，往往经不起实际的考察，在千里万里之外听了，真是大圣大贤，到他近处去一看，就不成话了。但是社会是采取虚声的，一个人而苟有手段造成了他的虚名，你就再知道他是个坏人，也是开不得口。不但开不得口，而且还只能人云亦云地称颂他，不然人家不说他所得的是虚名，反说你所说的是假话。俗说若要人不知，除非己莫为。作伪的人，岂真有什么本领，使他的真相不露出来？不过社会是这样的社会，所以这种人的真相，虽然给一部分人知道了，却永远只有这一部分人知道，决不会散布扩大出去的。然而张敞居然敢弹劾盛名之下的黄霸，我们就不得不佩服法家综核名实的精神了。他奏黄霸的话，真乃句句是金玉。让畔异路，道不拾遗，其实亡益廉贪贞淫之行，造起律令，即以劝善禁奸，尤其是至理名言。因为你要讲革命是另一件事，在革命未成以前劝人为善，只是能为现状下之所谓善，禁奸也只能禁现状下之所谓奸。明明是现状下所不能为的事，你却要叫人去做，人家也居然会照著你的话去做，这不是作伪还是什么？其实何益呢？不过浇淳散朴罢了。

法家这种综核名实的精神，自元帝以后莫之能行，以至亡国。后汉得天下，光武帝虽然厚貌深文，其实行督责之术，是很严紧的。他当时对于一班开国的功臣，以及有盛名可以做三公的人，明知其不可施以督责，所以舍而弗用，而宁任用一班官僚，这就是后汉所以能开二百余年之治的原因。从中叶以后，督责之术又废了，于是官僚阶级又横行起来，益之以处士横议，而后汉遂至于灭亡。起而收拾残局的魏武帝、诸葛孔明，都是励行综核名实的人，所以事势又有转机。然而一两个人的苦力支撑，终不能回狂澜于既倒，于是纪纲日废，而魏晋清谈之俗兴，神州大陆遂终于不可保守而为五胡所占据了。

魏晋以后的政治思想，无甚特别之处——大抵承汉人的绪余——今因限于时间亦不再加讲述。还有一篇最值得注意的文字，便是《论衡》的《治期》篇。此篇力言国家之治乱，与君主的贤否无涉。换一句现在的话说，便是政治控制不住社会，社会而要向上，政治是无法阻止的。若要向下，政治亦无力挽回，而只好听其迁流之所届。这是我们论后世的政治所要十分注意的。

第七讲　魏晋至宋代以前的政治思想

魏晋南北朝是中国政治思想消沉的时代，这一个时代之中，并不是没有有政治思想的人，然其思想大都不脱汉人的科臼，直到两宋之世，而中国的政治思想才又发出万丈的光焰，这是什么原故呢？

原来政治的目的，不外乎安内与攘外。当对外太平无事时，大家的眼光都注重在内治一方面。对外问题急迫了，整个国家的生存要紧，其余的问题，就只得姑置为缓图了。中国对外的问题是到什么时候才严重起来的呢？这个问题的答案，我们不能不说是宋代，这又是为什么呢？

在周以前，我们对于异族实在是一个侵略者，而不是一个被侵略者，这一层在第二讲中业经说过了。两汉时代，情形还是如此。五胡乱华，是中原受异族的侵略之始。但是这时候侵略的异族，民族意识都不甚晶莹，这个只要看当时的异族没一个不自附于汉族古帝皇之后可知。这（1）因他们的文化程度较低，（2）因归附中原、杂居塞内已久，当其乱华之时，业已有几分同化。到辽、金时代便不然了。辽人的民族意识业已较五胡为强，至金人则其和汉族的对立更为尖锐。只要看金世宗的所为，便可知道。而且五胡是以附塞或塞内的部落作乱的，也有一半可以说是叛民的性质，至于辽、金则是在塞外建立了强大的国家然后侵入的，所以其性质更为严重。

异族侵入的原因是甚么呢？其中第一件，便是中原王朝兵备的废弛，以两汉时代的兵力，异族本没有侵入的可能，三国时代中原虽然分裂，兵力并没有衰弱，为什么前此归附的异族一到两晋时代居然能在中原大肆咆哮，而汉族竟无如之何呢？原来兵权的落入异族之手并非一朝一夕之故。中国在古代本不是全国皆兵的，各国正式的军队，只是当初的征服者，至于被征服者虽非不能当兵，然事实上只令他们守卫本地，和后世的乡兵一样。直到战国之世，战争的规模大了，旧有的兵不给于用，才把向来仅令其守卫本地的兵，悉数用作正式军队。这话在第三讲中亦已说过。从此以后我们就造成一个全国皆兵的制度了。但是这种制度，到秦汉之世却又逐渐破坏，这又是为什么呢？因为古代国小，人民从事于征戍，离家不甚远，所以因此而旷废时日以及川资运粮等等的耗费，亦比较不大，到统一以后，就不是这么一回事了。所以当用兵较少的时候，还可以调发民兵，较多的时候便要代之以谪发或谪戍。汉朝自文景以前，用兵大都调自郡国，而前乎此的秦朝以及后乎此的武宣都要用谪发和谪戍，就是这个道理。汉朝的兵制，是沿袭秦朝的。民年二十三则服兵役，至五十六乃免，郡国各有都尉，以司其讲肄和都试。戍边之责，也是均摊之于全国人的，人人有戍边三日的义务——虽然不能够人人自行，然而制度则是如此——自武宣多用谪发之后，实际上人民从征之事已较少，至后汉光武欲图减官省事，把郡国都尉废掉，从此以后，民兵制度就简直不存在了。当兵本来是人情容易怕的，统一之后，腹地的人民距边寇较远，就有民兵制度，也易流于有名无实，何况竟把他废掉呢？从此以后，普通的人民，就和当兵绝缘。当兵的总是特种的人民，——用得多的时候，固然也调发普通人民，然而只是特殊的事。——而尤其多被利用的，则是归附的异族。这种趋势，当东汉时代业已开始了，至西晋而尤甚。五胡乱华之后，自然多用其本族之人为主力的军队，所以这时候，武力是始终在异族手里的。这是汉人难于恢复的一个大原因。隋唐之世，汉族业已恢复了，局面似乎该一变，但是用异族当兵，业已用惯了，既有异族可以当兵，乐得使本国人及于宽典，况且用兵于塞外，天时地利，都以即用该方面的人为适宜，而且劳费也较少。所以论起武功来，读史者总是以汉唐并称，其实汉唐不是一样的。汉代的征服四夷，十次中有七八次是发自己的兵，实实在在的去打——尤其对于最强的匈奴是如此。汉朝打西域，是用本国兵最少的，而西域却是最势分力弱的小敌——唐朝却多用蕃兵，到后来，并且守御边境亦用蕃兵为主力，因此酿成安史之乱。安史乱后，军队之数是大增加了，然而不是没有战斗力，就是不听命令，遇事总不肯向前，以致庞勋、黄巢之乱，都非靠沙陀兵不能打平。从此以后，沙陀就横行中原，而契丹也继之侵入了。分裂是最可痛心的事。当分裂之世，无论你兵力如何强大，是只会招致异族以共攻本国人，断不会联合本国人以共御外侮的——这是由于人情莫不欲争利，而利惟近者为可争，人情莫不欲避害，而害惟近者为尤切，所以非到本国统一之后，不能对外，什么借对外以图团结本国等等，都只是梦话——然而到中原既已统一之后，又因反侧之心未全消弭，非图集中兵权或更消灭或削弱某一部分的兵力不可，北宋便是这个时代。所以经前后汉之末两次大乱之后，中原王朝的兵力实在是始终不振的，而在塞外的异族却因岁月的推移逐渐强大，遂有辽、金、元等部落，在塞外先立了一个大国，而后以整个的势力侵入中原，使中原王朝始而被割掉一部分领土，继而丧失全国之半，终乃整个的被人征服了。所以当这时代，中原王朝的武力该怎样恢复，实在是一个大问题。

是把国内治好了，然后御外呢？还是专讲对外，其余都姑置为缓图呢？这自然是民族当危急存亡时，首先引起的重要问题。假如中国是一个小国，自然当危急存亡时，一切都将置诸不问，而姑以却敌为先务，然而事实不是如此。中国土地之大，人口之多，物资之丰富，以及文化程度之高，一切都远出异族之上，异族的凌侮无论如何剧烈，在中国政治家的眼光中，是不会成为惟一的问题的。况且中国人素来以平天下为怀，认为异族的凌侮，只是暂时的变态，到常态回复了，他们总要给我们同化的，这原是中国人应尽的责任。这种自负的心理，是不会因时局的严重而丧失的。而且物必自腐而后虫生，国必自伐而后人伐，外患的严重，其根源断不能说不由于内忧。所以外患的严重，本不能掩蔽内忧，而减少其重要性，而且因外患的严重，更促起政治家对于国内问题的反省，所以自宋到明这一个民族问题严重的时代，却引起政治思想的光焰。

这时候的政治思想集中在哪几点上面呢？国家的根本是人民，人民第一个重要的问题便是生活，生活都不能保持，自然一切无从说起了。假使生活而能保持了，那就要解决“饱食暖衣逸居而无教，则近于禽兽”的问题了，这也是传统的思想上看得极为严重的问题。这是中国自古以来就是如此的。从三国到南北朝，因为时局的纷扰，谈政治的人忙于眼前的问题，对于这种根本问题比较两汉时代要淡得多了。到隋唐之世因为时局较为安定，对于根本问题用心探索的人又较多，至宋代而大放其光焰。

当这一个时代，关于“教养”问题的现状却是怎样的呢？请略说其大概如下：

关于“养”的问题，平均地权和节制资本实在是一样的重要。但是自汉以后，儒家之学盛行，儒家是偏重于平均地权的，所以大多数人的思想也侧重在这一方面。儒家所怀抱的思想又分为两派，激烈的是恢复井田，缓和的是限民名田。激烈派的思想经新莽实行而失败了，没有人敢再提起，东汉以后多数认为切实易行的，是限民名田。晋朝的户调式、北魏的均田令、唐朝的租庸调法，都是实行此项理想的。后汉末的大乱，人民死亡的很多，自此经两晋南北朝，北方经过与蛮族的斗争，死亡也很剧烈。此时的土地是比较有余的，又得授田的制度以调剂其间，所以地权不平均的问题，比较不觉得严重。唐朝自贞观至于开元，时局是比较安静的。安静之时，资本易于蓄积，并兼之祸即随之而烈。天宝以后，藩镇割据，战祸除

（1）安史之乱时；（2）黄巢乱时；（3）梁唐战争；（4）唐晋与契丹的战争，直接受祸的区域外，其实并不甚烈。人民死亡不能甚多。而（A）苛政亟行，（B）奢侈无度，封建势力和商业资本乘机大肆剥削，人民被逼得几于无路可走，我们试一翻《宋史》，便知道①当时的田无税的很多，②当时的丁不役的很多。这都是有特殊势力的人所得的好处，而其负担则皆并于贫弱之家。③民间借贷自春及秋便本利相侔，设或不能归偿，则什么东西债权人都可以取去抵债。见《宋史·陈舜俞传》。所以当时司马光上疏说：农民的情景是“谷未离场，帛未下机，已非已有，所食者糠籺而不足，所衣者绨褐而不完，直以世服田亩，不知舍此更有何可生之路耳”。乌呼痛哉！在政治上，（甲）自两税法行后，连名存实亡的平均地权的法令都没有了，（乙）而役法又极酷，（丙）而唐中叶后新增的苛税如盐、茶、酒及商业上的过税、住税等，宋朝又多未能删除，这些直接间接也都是人民的负担。租税的大体，自宋讫明未之有改，而元朝以异族入主中原又加重了封建势力的剥削。明朝自中叶以后，朝政的紊乱，又为历代所未有，藩王、勋戚、宦官等的剥削平民以及所谓乡绅的跋扈，亦是历代所罕有，所以民生问题，可以说自宋至明，大致都在严重的情形中。

至于“教”的问题，则除汉朝贾生、董生等所说一种贫而弱而愚的可怜情形外，另有一个严重的问题。中国古代宗教上崇拜的对象，最大的是地，次之则是吃田豕的虎，吃田鼠的猫，或防水的堤防等，再次之则是在家的门神、灶神，出门时的行神，及管个人寿算的司命等。见《礼记·郊特牲》及《祭法》。古时的人们对于祭天，是没有关系的。至于地，则本没有一个统一的地神——以方泽对圜丘，是晚出的概念，所以只有《周官》上有——在古代只有各祭其所利用的一片土地，所以最隆重的是社，而社会也是随着一个个农村而分立的。其最切近的为祖先，祖先不必说了，就是其余的神，也是限于一个很小的范围内的。这些神在氏族时代，则为一氏族内的人所崇拜，在部落时代，则为一部落的人所崇拜，彼此各不相干。在其部落以内，宗教师亦是一种分职，他所做的事情，虽无实益，却是人民对他有信仰心，并不嫌恶他。其实他自己亦不全是骗人的，多少总有些信以为真。他也无从分外榨取，至于氏族或部落以外，根本没有人信他，他更无从施展威权了。汉初的宗教还是如此，所以越巫、齐方士等各各独立。天子所祭的天神，虽然在诸神中取得最高的地位，然而诸侯尚且不许祭天，平民更不必说了。中国古代似乎贵族平民各有其所崇拜的对象，彼此各不相干，因此在上者要想借宗教之力以感化人民甚难，却也没有干涉人民的信仰，以致激变之事。列国间因本来怀抱著宗教是有地方性的观念，宗教信仰多包含在风俗习惯之中，君子行礼不求变俗，就是不干涉信仰的自由。所以彼此互不相干涉，亦没有争教的事。这实在是中国最合理的一件事，因为宗教总不过是生活的反映，各地方有各地方不同的生活，自然会产生不同的宗教，而亦正需要不同的宗教，硬要统一它做什么呢？老实说，就是勉强统一了，也只是一个名目，其内容还可以大不相同的。随著时代的变迁，从前各各分立的氏族或部落渐次统一而成一个大社会，社会既然扩大了，自然要有为全社会所共同信仰的大宗教，也自然会有为全社会所信仰的大宗教。这时代的大宗教，并不是单独发生，把从前的小宗教都消灭掉了的。乃是从前的旧宗教所变化发达而成。（1）把从前性质仅限于一部落一氏族的神扩大之而为全社会之神；（2）各地方所崇拜的神，有本来相同的，那自然不成问题；（3）否则亦可以牵强附会，硬把他算做一个；（4）其无须合并的，则建立一个系统，把他编制一下。如此许多分立的小宗教，就可以合并而成一大宗教了。这就是中国所谓道教。这种变化，大约在很早的时代，随著社会的变动，就逐渐进行的，至后汉末年，在社会上大显势力，至北魏太武帝时，寇谦之乃正式得到政府的承认。当两汉之间，佛教从印度输入中国，至后汉末年，也在社会上渐露头角。

佛教的哲理，较之道教更为精深。——中国的学问，并不是不及印度，但专就哲理而论，却应该自愧弗如的，而宗教所需要的，却特别在这一方面。为什么呢？因为宗教倘使在政治社会方面多作正面的主张，就不免和政治发生冲突，和政治发生冲突，就要受到压迫了。佛教却在这一方面，有其特别优胜之点。它对于社会问题和政治问题，几于毫无主张，只是在现社会的秩序之下，努力于个人的解脱。如此，于政治问题，就觉其毫无关系，而多少还可以掩蔽现实，麻醉人民，而使之驰心于净土。如此在消极方面说，就可以不受政府的干涉，而多少还可受些保护。在积极方面，则因他主张轮回，替人把希望扩张到无限大，而又自有其高深的哲理，足以自圆其说，所以还能够得到王公贵人的提倡；在平民眼里，佛教、道教本来是无甚区别的，谁宣传得起劲些，谁被信仰的机会就多些。如此佛教因其（1）给与人的希望之大，（2）哲理的精深，能得士大夫的信仰，其宣传之力，就超出于道教以上，所以其流行也较道教为盛。从两汉到南北朝，在精神界既然发生了全国共信的大宗教，就形成下列诸问题。

其一，在佛教尚未大行、道教也未十分组织成功之时，政治和社会，都有很大的不安，而宗教在这时代，业已从地域的进而为全国的了，自然会有人想利用他造成一种政治上反抗的力量，所以前后的变乱，含有宗教成分的很多。道教的大师如张角、张鲁、孙恩等不必说了，就和尚也有躬为祸首的，因此引起政治上的焚烧谶纬，禁止传习天文。

其二，第一问题在中国的关系不能算大，而为政府所承认的宗教，亦发生下列二大问题，即（A）在物质方面，教徒既不耕而食，不织而衣，成为纯粹的分利分子，却还要消耗多大的布施，而且积蓄多了，便从事于兼并土地，役使奴仆，于经济的平均，很有妨害。（B）在精神方面，宗教麻醉的力量能使人离开现实，驰骛空虚，多少可以减少些反抗之力，缓和些怨恨之声，而且他多少要教人民以正直平和慈善，使社会增加几分安稳，这是政治上所希望的。所以历来也很有些儒者的议论，在这一方面承认二氏的功劳。但是宗教所教导的，断不能和政治上所要求的全然一致，而且和儒家传统的道德和伦理，不免有些不相容，而儒家却是在政治上积有权威的。因此之故，宗教问题在政治思想史上，也就有相当的关系了。

综括这一个时代，养的问题不能解决，教的问题亦觉得愚弱可怜，而严重的外患又相逼而来。稍加仔细观察，便觉得外患的成为问题，全是由于本国的社会病态太深之故，于是这一个时代的思想家，不期然而然的都触著了许多根本的问题。

第八讲　宋明的政治思想

第七讲中说：从宋到明的政治思想，触著了许多根本问题，这句话是怎么讲呢？关于这一点，我们可以自宋到明的井田封建论做代表。

井田封建，如何可行于后世？井田固然是一种平均分配的好方法，然（1）既成为后世的社会，是否但行井田，即能平均分配；（2）不将社会的他方面同时解决，井田是否能行。这都是很显明的疑问。至于封建，其为开倒车，自然更不必说了。宋元明的儒者，如何会想到这一著呢？关于这一点，我请诸位读一读顾亭林先生的《封建论》。原文颇长，今举其要点如下：

> 封建之废，非一日之故也，虽圣人起，亦将变而为郡县。方今郡县之敝已极，而无圣人出焉，尚一一仍其故事，

此民生之所以日贫，中国之所以日弱，而益趋于乱也。何则？封建之失，其专在下；郡县之失，其专在上。改知县为五品官，正其名曰县令。必用千里以内，习其风土之人，任之终身。其老疾乞休者，举子若弟代。不举子若弟，举他人者听。既代去，处其县为祭酒，禄之终身。每三四县若五六县为郡，郡设一太守，三年一代，诏遣御史巡方，一年一代。其督抚司道悉罢。令以下设一丞。丞以下曰簿，曰尉，曰博士，曰驿丞，曰司仓，曰游徼，曰啬夫之属，备设之。令有得罪于民者，小则流，大则杀。其称职者，既家于县，则除其本籍。居则为县宰，去则为流人；赏则为世官，罚则为斩绞。何谓称职？曰土地辟，田野治，树木蕃，沟洫修，城郭固，仓廪实，学校兴，盗贼屏，戎器完，而其大者，则人民乐业而已。夫使县令得私其百里之地，则县之人民，皆其子姓；县之土地，皆其田畴；县之城郭，皆其藩垣；县之仓廪，皆其囷窌。为子姓，则必爱之而勿伤；为田畴，则必治之而勿弃；为藩垣、囷茆，则必缮之而勿损。自令言之，私也；自天子言之，所求乎治天下者，如是焉止矣。一旦有不虞之变，必不如刘渊、石勒、王仙芝、黄巢之辈，横行千里，如入无人之境也；于是有效死勿去之守，于是有合从缔交之拒，非为天子也，为其私也；为其私，所以为天子也；故天下之私，天子之公也。

他的意思，只是痛于中国的日贫日弱，而思所以救之。而推求贫弱的根源，则以为由于庶事的废弛；庶事废弛的根源，他以为由于其专在上。所以说郡县之制已敝，而将复返于封建。

自宋至明——实在清朝讲宋学的人，也还有这一种意见——主张井田、封建的人很多。他们的议论虽不尽同，他们的办法亦不一致；然略其枝叶，而求其根本，以观其异中之间，则上文所述的话，可以算是他们意见的根本，为各家所同具。

他们的意见，可以说是有对有不对。怎说有对有不对呢？他们以为中国贫弱的根源，在于庶事的废弛，这是对的。以为庶事废弛的根源，是由于为政者之不能举其职，而为政者之不能举其职，是由于君主私心太重，要把天下的权都收归一己，因而在下的人，被其束缚而不能有为，这是错的。须知君主所以要把政治上的权柄，尽量收归自己，固不能说其没有私心，然亦自有其不得已的苦衷。在封建时代，和人民利害相反的是贵族，到郡县时代，和人民利害相反的是官僚，这话，在第五讲中，业经说过了，君主所处的地位，一方面固然代表其一人一家之私，如黄梨洲所云视天下为其私产；又一方面，则亦代表人民的公益，而代他们监督治者阶级。这一种监督，是于人民有利的。倘使没有，那就文官武将，竞起虐民，成为历代朝政不纲时的情形了。渴望而力求之，至于郡县之世而后实现的，正是这个。至于庶事的废弛，则其根据，由于征服阶级的得势，一跃而居于治者的地位。他们的阶级私利是寄生。为人民做事，力求其少，而剥削人民，则务求其多。此种性质，从贵族递嬗到官僚，而未之有改。所以大同时代社会内部相生相养良好合理的规则：（1）在积极方向，因治者阶级的懒惰而莫之能举。（2）在消极方面，因治者阶级的剥削而益见破坏。（3）而人民方面，则因其才且智者，皆羡治者阶级生活的优越，或则升入其中，或则与相结托，所剩的只有贫与弱。因而废弛的不能自举，被破坏的不能自保，仅靠君主代他们监督，使治者阶级，不能为更进一步的剥削，而保存此贫且弱的状况。除非被治者起而革命，若靠君主代为监督，其现状是只得如此的，不会再有进步的。因为君主是立于治者和被治者两阶级之间，而调和其矛盾的；他只能从事调和，而不能根本上偏袒那一阶级，所以只做得到这个样子。这话在第五讲中，业已说过了。所以说：他们以为贫弱的根源，在于庶事的废弛，这是对的。以为废弛的根源，在于君主，是不对的。天下眼光浅近的人多，治者阶级而脱离了君主的监督，那只有所做的事，更求其少，所得的利，更求其多，如何会勤勤恳恳，把所有的一块土地人民治好呢？若能有这一回事，封建政体，倒不会敝，而无庸改为郡县了。所以封建之论，的确是开倒车，虽然他们自以为并非开倒车，以为所主张的封建，和古代的封建有别。然而幸而没有实行，倘使实行起来，非酿成大乱不可。他们有这一种思想，也无怪其然，因为人是凭空想不出法子的，要想出一种法子来，总得有所依傍。我们今日，为什么除掉专制、君宪、共和、党治之外，想不出什么新法子来呢？只因其无所依傍。然他们当日，陈列于眼前的政体，只有封建、郡县两种。郡县之制，他们既认为已敝而不可用，要他们想个法子，他们安得不走上封建的一条路呢？他们这种主张，如其要彻底实行，则竟是一种革命，自然是时势所不许，然就部分而论，则不能说他们没有实行。所谓部分的实行，并不是说他们曾有机会试行封建，亦不是说他们曾经大规模试办过井田。然而辟土地，治田野，蕃树木，修沟洫，固城郭，实仓廪，兴学校，屏盗贼，完成器，总而言之，是反废弛而为修举，则不能说他们没有部分的实行过，他们做封疆大吏、地方长官及绅士的，对于这许多事情，都曾尽力实行。他们并知道治化的良否，不尽系于政治，而亦由于社会，所以凡有关风俗之事，如冠、婚、丧、祭之礼等，都曾研究、讨论，定有规制，尽力提倡，示范实行。在这方面有功劳的，尤其是关学一派。他们这种举动，并不能说没有功劳，在今日宋明理学衰落之世，我们若留心观察，则见社会上还有许多地方自治的遗迹，或者自相约束扶助的规则，还都是这一个时代的儒者研究、制定、提倡、示范的功劳。改进社会，原有急进和渐进两种手段：前者是革命行为，把旧的都破坏了，然后徐图建设。后者是进化派的学者所主张的，在旧秩序之下，将新的事业，逐渐建设起来，达到相当的时机，然后把旧的障碍物一举除去。浅人每以二者为相反，其实是相成的。该取何种手段，只看特定社会的形势。而取了革命手段，进化派的事业，还是要补做的。我们所以要革命，只因旧的势力，障碍得太厉害了，不将他推翻，一切新的事业，都不容我们做，所以不得不把他先行打倒；然而打倒他，只是消极的举动，既把旧势力打倒之后，新事业自然要逐渐举办的。如其不行，则从前的革命，就变做无意识的举动了。至于进化派，并不是不要打倒旧势力，只是手段上以先建设新的，后打倒旧的为适宜。所以革命正所以助进化，进化的目的，正在于革命，二者是相需而成的。每革命一次，旧势力总要被破坏一些；每建设一事，新势力总要增长一些。浅人徒见革命之后，旧势力依然回复，便以为这一次的革命是徒劳；建设一事，不久旋即废坠，便以为此举是毫无效果，这真是浅人之见。中国的社会，将来总是要大改革的，要改革，总是要反废弛而为修举的。从有宋以来，理学家研究、制定、提倡、示范的举动，实在替社会播下一个改革的种子，所以说，不能算他们无功。

在宋朝，既有这种大改革的见解，自然有人要想凭藉政治之力来实行；而在旧时政治机构之下，要想借政治的力量来实行改革，自然免不了弊窦。这话，在第六讲中，亦业已说过。当这时代，自然有如第二讲所说，偏于痛恶现状之坏，而不措意于因改革而致弊的人；也有专注重于改革之难，而不肯轻言改革的人；其结果，就形成熙宁时的新旧党。从来论党的人，每将汉朝的甘陵，唐朝的牛李，和宋朝的新旧党，并为一谈，这是大错。汉朝的甘陵，只是一班轻侠自喜、依草附木之徒，再加以奔走运动，营求出身，以及有财有势，标榜声华之士，以致闹成党锢之祸；唐朝的牛、李，只是官僚相排挤，哪里说得上政见？宋朝的新旧党，却是堂堂正正，各有其政见的。固然新旧党中，各有坏人；新旧党互相排挤报复，也各有不正当的手段；然而不害其为有政见。他们对于多种政治问题，都有不同的见解；而其见解，都是新党代表我所谓进化派，旧党代表我所谓保守派的。旧时的议论，都左袒旧党；现在的议论，则又左袒新党；其实二者是各有长短的。新党的所长，在于看透社会之有病而当改革，而且有改革的方案；而其所短，则在于徒见改革之利，而不措意于因改革所生之弊。旧党攻击因改革所生之弊，是矣，然而只是对人攻击，而自己绝无正面的主张，然则当时的政治是好了，不需改革了么？明知其不好，亦只得听其自然了么？我们倘使提出这个问题来，旧党亦将无以为对。所以我说他们是各有长短的。我对于他们的批评则如次：

国家和社会的利害，不是全然一致的，又不是截然分离的。因为国家的内部，有阶级的对立：凡国家的举动，总是代表治者阶级，压迫被治阶级的；所以国家和包含于国家中的人，利害总不能一致。然而在或种情形之下，则国家和全体社会的利害，是一致的；尤其是在对外的时候。因为别一个国家，侵入或加压迫于这一个国家，则最大多数的国民，必同蒙其不利。所以当这时候，国民应当和国家协力以对外。国家所要求于国民，不都是正当的——如为治者阶级的利益的时候——但因对外之故，而对于国民有所要求，则为合理。因为这是为着国民全体——至少是最大多数的利益。然而在实际，则其所要求，仍宜有一个限度。这不是道理上应该不应该的问题，而是手段上适宜不适宜的问题。因为国家有所求于国民，其事必须办得好；如其办不好，则是国民白受牺牲，国家亦无益处了。国家所恃以办事的是官僚。官僚在监督不及之处，是要求自利的。官僚的自利，而达到目的，则上无益于国，而下有损于民的。固然，官僚阶级中也有好人；而一国中监督官僚的人，其利害也总是和国与民相一致的；然而这总只是少数。所以国家所办的事，宜定一最大限度，不得超过；而这最大限度的设定，则以（1）必要，（2）监督所能及，不至非徒无益，反生他害为限。熙宁时新党之弊，在于所定的限度太大，而旧党之弊，则又在于所定的限度太小；二者皆不得其中，即皆不适当。

试举一实事为例：在北宋时，北有辽，西有夏，民族竞争，形势极为严重，自然不能无兵。宋朝是养兵百万而不可以一战的。募兵的制度，达于极弊。王安石主张用民兵，自然也有其极大的理由。但是实际如何呢？我们试看《宋史·兵志》所载反对方面的话。司马光说：

> 兵出民间，虽云古法，然古者……自两司马以上，皆选贤士大夫为之，无侵渔之患，故卒乘辑睦，动则有功。今……保长以泥棚除草为名，聚之教场，得赂则纵，否则留之。……又巡检指使，按行乡村，往来如织。保正保长，依倚弄权，坐索供给，多责赂遗，小不副意，妄加鞭

挞，蚕食行伍，不知纪极。中下之民，罄家所有，侵肌削骨，无以供亿。愁苦困弊，靡所投诉。流移四方，襁属盈路。又朝廷时遣使者，遍行按阅，所至犒设赏赉，縻费金帛，以巨万计。此皆鞭挞下民，铢两丈尺而敛之，一旦用之如粪土。

王岩叟说：

保甲之害。三路之民，如在汤火。未必皆法之弊。盖由提举一司，上下官吏，逼之使然。……朝廷知教民以为兵，而不知教之太苛而民不能堪；知别为一司以总之，而不知扰之太烦而民以生怨。教之欲以为用也，而使之至于怨，则恐一日用之，有不能如吾意者，不可不思也。民之言曰：教法之难，不足以为苦，而羁縻之虐有甚焉；羁縻不足以为苦，而鞭笞之酷有甚焉；鞭笞不足以为苦，而诛求之无已有甚焉。方耕方耘而罢，方干方营而去，此羁縻之所以为苦也；其教也，保长得笞之，保正又笞之，巡检之指使，与巡检者又交挞之，提举司之指使，与提举使之干当公事者，又互鞭之，提举之官又鞭之。一有逃避，县令又鞭之。人无聊生，恨不得死，此鞭笞之所以为苦也。创袍市中……之类，其名百出。故父老之谚曰：“儿曹空手，不可以入教场。”非虚语也。都副两保正，大小两保长，平居于家，婚姻丧葬之问遗，秋成夏熟，丝麻谷麦之要求，遇于城市饮食之责望，此迫于势而不敢不致者也。一不如意，即以艺不如法为名，而捶辱之无所不至。又所谓巡检指使者，多由此徒以出，贪而冒法，不顾后祸，有逾于保正保长者。此诛求之所以为甚苦也。又有逐养子，出赘婿，再嫁其母，兄弟析居，以求免者；有毒其目，断其指，炙其肌肤，以自残废而求免者；有尽室以逃而不归者；有委老弱于家，而保丁自逃者。保丁者逃，则法当督其家出赏钱十千以募之。使其家有所出，当未至于逃，至于逃，则其穷困可知，而督取十千，何可以得？故每县常有数十百家老弱，嗟咨于道路，哀诉于公庭。……又保丁之外，平民凡有一马，皆令借供逐场教骑，终日驰骤。往往饥羸，以至于毙。谁复敢言？其或主家，倘因他出，一误借供，遂有追呼笞责之害。或因官逋督迫，不得已而易之，则有抑令还取之苦。故人人以有马为祸。此皆提举官吏，倚法以生事，重为百姓之扰者也。……臣观保甲一司，上下官吏，无毫发爱百姓意。故百姓视其官司，不啻虎狼，积愤衔怨，人人所同。比者保丁执指使，逐巡检，攻提举司干当官，大狱相继，今犹未已……安知其发不有甚于此者？

这许多话，我们决不能因同情新党而指为子虚。王安石所行之法，无一不意在福国利民，而当时旧党，皆出死力反对，其原因就在于此。举此一事，其余可以类推。然则新法都行不得？都只好不行么？司马光《疏》中又说："彼远方之民，以骑射为业，以攻战为俗，自幼及长，更无他务。中国之民，大半服田力穑，虽复授以兵械，教之击刺；在教场之中，坐作进退，有以严整；必若使之与敌人相遇，填然鼓之，鸣镝始交，其奔北溃败，可以前料，决无疑也。"梁任公作《王荆公传》，说：如此，则"只好以臣妾于北虏为天职。此言也，虽对于国民而科以大不敬之罪可也"。这话以理言之，固然不错，然感情终不能变更事实，我们就不该因感情而抹杀事实。司马光的话，说不是当时的事实，也是断乎不能的。然则如之何而可呢？我说：中国不能如北狄之举国皆兵，这是事实；不能为讳，而亦不必为讳。因为我们的社会，进化了，复杂了，当然不能像他们这样举国一律，所以不足为辱。而且以中国之大，要抵御北狄，也用不到举国皆兵——两民族的争斗，并不限于兵争。文化经济等各方面，都是一种竞争。我们的社会复杂了，可以从各方面压伏北狄，就是我们从多方面动员攻击。——所以不足为忧。固然兵争是两国竞争时一种必要的手段，不可或缺。中国人固然不能如北狄之举国皆兵，然而以兵力抵抗北狄，亦自有其必要的限度。以中国之大，说在这一个限度以内的兵，而亦练不出，亦是决无此理的。须知社会进化了，则各阶级的气质不同。其中固然有不适宜于当兵的人，而亦必有一部分极适宜于当兵之人。然则以中国之大，并不是造不出强兵来，不过造之要得其法罢了。造之之法如何呢？我们看司马光说：

> 臣愚以为悉罢保甲使归农；召提举官还朝。量逐县户口，每五十户，置弓手一人。……募本县乡村户有勇力武艺者投充。……若一人缺额，有二人以上争投者，即委本县令尉，选武艺高强者充。或武艺衰退者，许他人指名与之比较。若武艺胜于旧者，即令充替。……如此，则不必教阅，武艺自然精熟。

王岩叟又说：

> 一月之间，并教三日，不若一岁之中，并教一月……起教则与正长论阶级，罢教则与正长不相谁何。

再看《旧唐书·李抱真传》：

> 为怀、泽、潞观察使留后。……抱真密揣山东当有变，上党且当兵冲。是时乘战余之地，土瘠赋重，人益困，无以养军士。籍户丁男，三选其一。有材力者，免其租徭，给弓矢，令之曰："农之隙，则分曹角射；岁终，吾当会试。"及期，按簿而征之。都试以示赏罚，复命之如初。比三年，则皆善射。抱真曰：军可用矣。于是举部内乡，得成卒二万。前既不廪费，府库益实，乃缮甲兵为战具，遂雄视山东。是时天下称昭义步兵冠诸军。

抱真的得力，就在乎仅令其分曹角射，而并不派什么提举巡检等等去检阅；亦不立正长等等名目，使其本来同等者，忽而生出等级来，所以没有宋朝保甲之弊，而坐收其利。然则王岩叟要人民和正长不相谁何，实在是保甲的要义；而司马光说不必教阅，武艺自然精熟，亦非欺人之谈了。有一位律师先生，曾对我说："我们当律师的人，是依据法律而绑票。"——实在就是借法律做护符而绑票。当阶级对立之世，谁不想绑票？只是苦于没有护符罢了，如何好多立名目，大发护符呢？王安石作《度支副使厅壁题名记》时曾说：

> 夫合天下之众者财，理天下之财者法，守天下之法者吏也。吏不良，则有法而莫守，法不善，则有财而莫理，有财而莫理，则阡陌闾巷之贱人，皆能私取予之势，擅万物之利，以与人主争黔首，而放其无穷之欲，非必贵强桀大，而后能如是，而天子犹为不失其民者，盖特号而已耳；虽欲食蔬衣敝，憔悴其身，愁思其心，以幸天下之给足而安吾政，吾知其犹不得也。然则善吾法而择吏以守之，以理天下之财，虽上古尧舜，犹不能毋以此为先急，而况于后世之纷纷乎？

他所谓阡陌闾巷的贱人，就是土豪和有商业资本的人。他深知他们是与平民处于对立的地位的，彼此利害不相容，非有以打倒之不可。然所恃以打倒他们的却是吏，吏也是和人民处于对立的地位的，其利害，也是彼此不相容。固然，现在政治上不能不用吏，然而吏是离不开监督的，一离开监督，就出毛病。所以政治家最要的任务是：自量其监督之力所能及。在此范围之内，则积极进行，出此范围以外，则束手不办。王安石之徒所以失败，就由于不知此义。我曾说：王安石的失败，是由于规模太大，倘使他专以富国强兵为目的，而将一切关涉社会的政策，搁置不办；或虽办而缩至相当的限度，则（1）所办之事，实效易见；（2）流弊难生；（3）不致引起他人的反对，而阻力可以减少；必可有相当的成功。如此，对于辽夏，或可以一振国威，而靖康之祸，且可以不作，所以我们目光不可不远，志愿不可不大，而脚步不可不着实，手段不可不谨慎，凡政治家，都该知此义。

中国之贫且弱，并非由于物质的不足，而全是一个社会组织不善，和人民未经训练的问题。这种思想，是宋人所通有的，不过有人魄力大，要想实行；有人魄力小，就止于发议论；而其言之又有彻底和不彻底罢了。譬如苏轼，是王安石的反对党，然而他对制科策说，要取灵武：

> 则莫若捐秦以委之。使秦人断然，如战国之世，不待中国之援，而中国亦若未始有秦者……则夏人举矣。

当时宋以全国之力，不能克西夏，而苏轼反欲以一秦当之，岂不可怪？然而一地方的实力，并非不足用，不过不善用之，所以发挥不出来罢了。当南宋之世，贺州的林勋，曾献一种《本政书》。他又有《比较书》二篇。《比较书》说：

桂州地东西六百里，南北五百里，以古尺计之，为方百里之国四十。当垦田二百二十五万二千八百顷；有田夫二百四万八千；出米二十四万八千斛；禄卿大夫以下四千人；禄兵三十万人。今桂州垦田约万四十二顷；丁二十一万六千六百一十五；税钱万五千余缗；苗米五万二百斛有奇；州县官不满百员；官兵五千一百人。

他所说古代田亩人口收入支出之数，固然不免夸大——因为古书本是计算之辞，并不是事实。所说当时垦田丁口之数，亦非实际的情形——因为必有隐匿。然而今古的相悬，要不能不认事实。如此，则后世的人民，富厚快乐，必且数十百倍于古了，然亦未见其然。然则上所不取之财，到哪里去了呢？这自然另有剥削的人，取得去了。——官和兵的数目虽减，要人民养活的人，其实并没有减。然则社会的贫穷，实在是组织不善之故。以此推之，其弱，自然也是训练之不得其法了。照他的《本政书》说：苟能实行他的计划，则民凡三十五年而役使一遍；而租税的收入，则十年之后，民之口算，官之酒酤，与凡茶、盐、香、矾之榷，皆可弛以予民。如欲以一秦之力，独取西夏，自非有类乎这一种的组织不可，不过苏轼不曾详立计划罢了。所以一时代中的人物，其思想，总是相像的；有时候看似不同，而实际上仍有其共通之点。

讲到教化问题，宋朝人也有其触著根本的见解。我们于此，请以欧阳修的《本论》为代表。《本论》说：

> 佛法为中国患千余岁，世之卓然不惑而有力者，莫不欲去之；已尝去矣，而复大集；攻之暂破而愈坚，扑之未灭而愈炽，遂至于无可奈何。是果不可去邪？盖亦未知其方也。夫医者之于疾也，必推其病之所自来，而治其受病之处。病之中人，乘乎气虚而入焉。则善医者不攻其疾，而务养其气，气实则病去，此自然之效也。……佛为夷狄，去中国最远，而有佛固已久矣。尧舜三代之际，王政修明；礼义之教，充于天下；于此之明，虽有佛无由而入。及三代衰，王政阙，礼义废，后二百余年，而佛至乎中国。由是言之，佛所以为吾患者，乘其阙废之时而来，此其受患之本也。……昔尧舜三代之为政，设为井田之法，藉天下之人，计其口而皆授之田。……使天下之人，力皆尽于南亩，而不暇乎其他。然又惧其劳且怠而入于邪僻也……于其不耕休力之时，而教之以礼。……饰之物采而文焉，所以悦之，使其易趣也；顺其情性而节焉，所以防之，使其不过也。然犹惧其未也，又为立学以

讲明之。……其虑民之意甚精，治民之具甚备，防民之术甚周，诱民之道其笃。……耳闻目见，无非仁义；乐而趣之，不知其倦；终身不见异物，又奚暇夫外慕哉？……及周之衰，秦并天下，尽去三代之法，而王道中绝，后之有天下者，不能勉强，其为治之具不备，防民之渐不周；佛于此时，垂乘而出，千有余岁之间，佛之来者日益众，吾之所为者日益坏。井田最先废，而兼并游惰之奸起。其后……教民之具，相次而尽废，然后民之奸者，有暇而为他，其良者，泯然不见礼义之及已。……佛于此时，乘其隙，方鼓其雄诞之说而牵之，则民不得不从而归矣。

此篇对于史事的观察，未必正确，然宗教的根源，乃是社会的缺陷，则其说确有至理。现在请引我所作的《大同释义》一段：

宗教果足以维持民心，扶翼民德，使之风淳俗美，渐臻上理邪？宗教者，社会既缺陷后之物，聊以安慰人心，如酒之可以忘忧云尔。宋儒论佛教，谓其能行于中国，乃由中国礼义之教已衰，故佛得乘虚而入；亦由制民之产之法已敝，民无以为生，不得不托于二氏以自养。斯言也世之人久目为迂阔之论矣，然以论宗教之所由行，实深有理致，不徒可以论佛教也。世莫不知宗教为安慰人心之物，夫必其心先有不安，乃须有物焉以安慰之，此无可疑者也。人心之不安，果何自来哉？野蛮之民，知识浅陋，日月之运行，寒暑之迭代，风雨之调顺与失常，河川之安流与泛滥，皆足以为利为害，而又莫知其所以然，则以为皆有神焉以司之，乃从而祈之，而报之，故斯时之迷信，可谓由对物而起。人智既进，力亦增大，于自然之力，知所以御之矣；知祈之之无益，而亦无所事于报矣；此等迷信，应即消除，然宗教仍不能废者，何也？则社会之缺陷为之也。“出师未捷身先死，长使英雄泪满襟”，但恨在世时，饮酒不得足；无论其为大为小，为公为私，而皆有一缺陷随乎其后，人孰能无所求？憾享用之不足，则有托生富贵之家等思想焉；含冤愤而莫伸，则有为厉鬼以报怨等思想焉。凡若此者，悉数难终，而要皆社会缺陷之所致，则无疑也。人之所欲，莫甚于生，所恶莫甚于死，缺憾不能以人力弥补者，亦莫如生死；故佛家谓生死事大，无常迅速，借此以畏怖人。天国净土诸说，亦无非延长人之生命，使有所畏，有所歆耳。然死果人之所畏邪？求生为人欲之一，而人之有欲，根于生理。少之时，血气未定，戒之在色，及其壮也，血气方刚，戒之在斗；及其老也，血气既衰，则皆无是戒焉。然则血气澌灭而至于死，亦如倦者之得息，劳者之知归耳，又何留恋之有？《唐书·党项传》谓其俗，老而死，子孙不哭，少死以为夭枉，乃悲。此等风俗，在自命为文明之人，必且诮其薄，而不知正由彼之社会，未甚失常，生时无甚遗憾，故死亦不觉其可悲也。龟长蛇短，人寿之修短，固不系其岁月之久暂，而视其心事之了与未了；心事苟百未了一，虽逮大齐，犹为夭折也，曷怪其眷恋不舍？又曷怪旁观者之悲恸哉？夫人之所欲，莫甚于生，所恶莫甚于死，不能以人力弥补者，亦莫如生死，然其为社会之所为，而非天然之缺憾犹如此，然则宗教之根柢，得不谓为社会之缺陷邪？儒者论郅治之极，止于养生送死无憾，而不云死后有天堂可升，净土可入，论者或讥其教义不备，不足以普接利钝，而恶知夫生而有欲，死则无之，天堂净土，本非人之所愿欲邪？故曰宋儒论佛教之言，移以论一切宗教，深有理致也。

又一段说：

孔子果圣人乎？较诸佛、回、耶诸教主，亚里斯多德、柏拉图、康德诸大哲如何？此至难言也。吾以为但论一人，殆无从比较。若以全社会之文化论，则中国确有较欧洲、印度为高者。欧、印先哲之论，非不精深微妙，然或太玄远而不切于人生；又其所根据者，多为人之心理，而人之心理，则多在一定境界中造成，境界非一成不变者，苟举社会组织而丕变之，则前此哲学家所据以研求，宗教家所力求改革者，其物已消灭无余矣，复何事研求？孰与变革邪？人之所不可变革者何事乎？曰：人之生，不能无以为养；又生者不能无死，死者长已矣，而生者不可无以送之；故“养生送死”四字，为人所必不能免，余皆可有可无，视时与地而异有用与否焉者也。然则惟“养生送死无憾”六字，为真实不欺有益之语，其他皆聊以治一时之病者耳。今人率言：人制驭天然之力太弱，则无以养其生，而人与人之关系，亦不能善。故自然科学之猛晋，实为人类之福音。斯言固然，然自然科学，非孤立于社会之外，或进或退，与社会无干系者也。社会固随科学之发明而变，科学亦随社会之情形，以为进退。究之为人之利与害者，人最切而物实次之。人与人之关系，果能改善，固不虑其对物之关系不进步也。中国之文化，视人对人之关系为首要，而视人对物之关系次之，实实落落，以“养生送死无憾”六字为言治最高之境；而不以天国、净土等无可征验之说诳惑人。以解决社会问题，为解决人生问题之方法，而不偏重于个人之修养。此即其真实不欺，切实可行，胜于他国文化之处；盖文化必有其根源，中国文化，以古大同之世为其根源，故能美善如此也。

看这两段，就可知宋儒的论宗教，确能触及根本问题了。

宋儒的政治思想，还有一点，很可注意的，就是彻底。其彻底，一见之于王霸之辨，一见之于君子小人之辨。

王霸之辨，就是一系根本之计，一止求目前见功。根本之计，是有利无弊的。只求目前见功，则在这一方面见为利，在别一方面即见为害。或者虽可解决一时的问题，而他日的遗患，即已隐伏。譬如训练人民，使能和别国竞争，这是好的，然亦可隐伏他日之患。从前明朝倭寇滋扰时，福建沿海人民，有一部分，颇能自相团结，以御外侮。这自然是好的。但是到后来，外侮没有了，而（1）习于战斗之民，其性质业已桀骜不驯；（2）社会上有种种不妥洽的问题；（3）人民的生计，又不能解决；于是械斗之风大盛，且有专以帮人械斗为业的。因这一班人的挑唆鼓动，而械斗之风更甚。我说这话，并非说外侮之来，无庸训练人民，以从事于斗争。外国人打得来，我们岂能不和他打？要和他打，如何能不训练人民呢？但是人民固须训练之，以求其武勇，而（1）因此而发生的别种弊害，亦须在可能范围内，设法减免。（2）且其提倡，只可以必要之度为限，否则徒为将来“转手”时之累。——须知什么事，都不能但论性质，而要兼论分量。且性质和分量，原是一事。譬如服药，若超过适宜的分量，其所刺激起的生理作用，就和用适宜的分量时，大不相同了。这本是很明白的道理。但（甲）天下人，轻躁的居多，精神专注在一方面，就把别一方面，都抛开了。（乙）又有一种功名心盛的人，明知如此，而亦愿牺牲了别一方面，以求眼前之速成。（丙）再有一种谄佞之徒，明知其然，而为保持饭碗，或贪求富贵起见，不恤依附急功近名之士。于是不顾其后的举动就多，而隐患就潜伏著了。天下事件件要从根本上着手，原是事势所不许，“急则治标”，“两利相较取其重，两害相较取其轻”，原是任何人所不能免。但在知道标本之别，又无急功近名之心的人做起来，则当其致力一事之时，即存不肯超过限度之念；或者豫为他日转手之计。如是，则各方面都不虞偏重，祸根好少植许多了。所以立心不同的人，其所做的事，虽看似相同，而实有其大不同者在，所谓“共行只是人间路，得失谁知霄壤分”也，宋儒所以注重于王霸之辨，其原因就在于此。

有一种人，用他去办事，是弊上加弊，另一种人，用他去办事，则是维持现状，不致更坏，前面已经说过了。最好的自然是去弊加利。但才德兼全的人，很是少见，如其不然，则与其用弊上加弊的小人，毋宁用维持现状的君子。这种得失，是显而易见的。但是世人往往喜用小人，这是为什么呢？明知其恶，专为其便辟侧媚而用之的，就不必说了；误以其为好人而用之的人，其心原是大公无私的；误以为用了小人，能够弊少利多；殊不知小人全是行虚作假。假，本身就是弊。所以用了小人，能够使主持政治的人，全不知道政局的真相，大祸已在目前，还以为绝无问题，甚或以为大福将至。小人之所以能够蒙蔽，全在一个“忍”字，明知共事之有害，而为一己之功名富贵起见，则能够忍而为之。而作伪以欺其上，则于心能安。种种作伪的情形，固不能欺在下的人，而彼亦恬然不以为耻。人是监督不尽的。随事而监督之，势将劳而不可遍，所以用人必当慎辨其心术。

这两端，是世所目为迂阔的，然而在行政上，实有很大的参考价值。

凡事从根本上做起，既为事实所不许，则应付一时一事之术，大势亦不能不讲，这是所谓政治手腕。天下的体段太大了，一定要从根本上做起，深恐能发而不能收，倒还不如因任自然，小小补苴的好。这两种思想，前一种近于术家，后一种却近于道家了。宋朝的蜀学，就是这种性质。老苏和早年的大苏，是前一种思想，大苏到晚年，就渐近于后一种思想了。此种思想，历代都有，蜀学在宋朝，也不算时代的特色；所以今不深论。

宋、元、明三朝的思想，都是发源于宋朝的，其规模，也都是成立于宋朝的；元、明只是袭其余绪罢了。政治思想到明末，却有一种特色，那就是君主和国家的区别，渐渐明白。这是时势之所迫。（1）因为明代的君主，实在太昏愚了，朝政实在太紊乱了。看够了这种情况，自然使人觉悟君主之为物，是无可希望的；要澄清政治之源，自非将君主制度打倒不可；（2）又宋、元两朝，中国备受异民族的压迫，明朝虽得恢复，然及末年，眼看建州女真又要打进来了。被异民族征服，和自己国内王朝的起仆，不是一件事；也是显而易见的。因此，也能使人知道王朝和国家的区别，且能使人觉悟几分民族主义。这两者，前者是黄梨洲《原君》《原臣》之论。后者是顾亭林有亡国——今之王朝——有亡天下——今之国家——之说。现在人人知之，今亦不及。

第九讲　清中叶前的政治思想

清朝入关以后，政治思想，可以说是消沉的时期。这（1）因异族压制，不敢开口。（2）则宋明的学风，流行数百年，方向有些改变了。学者对于（A）国家、（B）社会、（C）个人修养的问题，都有些厌倦，而尽力于事实的考据。考据是比较缺乏思想的——固然，考据家亦自有其思想，但容易限于局部，而不能通观全体。而且清朝人所讲的考据，其材料是偏于古代的，所以对于当时的问题，比较不感兴趣——如此，政治思想，自然要消沉了。

静止的物体，不加之以外力，固然不会动，但是苟加之以外力，外力而苟然达到相当的程度，也没有终于不动的。西力东侵，是中国未曾有的大变局。受了这种刺激，自然是不会不动的。所以近代政治思想的发皇，实在我们感觉著外力压迫之后。

感觉到外力压迫之后，我们的政治思想，应该怎样呢？照现在的人想起来，自然很为简单，只要舍己之短，效人之长就是了。但是天下事没有如此简单。须知西力东侵，是从古未有的变局，既然是从古未有的变局，我们感觉它，了解它，自然要相当的时间。须知凡事内因更重于外缘。同一外力，加于两个不同的物体，其所起的反应就不同，这就显得内在的力量，更较外来的为重要。所以我们在近代，遭遇了一个从古未有的变局，而使我们发生种种反应。当这种情形之下，为什么发生如此样子的反应呢？这一个问题，我们是要将内在的情形，详加探讨，然后才能作答。我们内在的情形，却是怎样呢？

第一，中国因（A）地大，（B）人多，（C）交通不便，（D）各地方风气不同，（E）社会的情形也很复杂，中央政府控制的力量有限；而行政是依赖官僚，官僚是无人监督就要作弊的；与其率作兴事，多给他以舞弊的机会，还不如将所办的事，减至最小限度的好。这是事实如此，不能不承认的。所以当中国的政治，在理论上，是只能行放任主义的；而在事实上，却亦以放任主义为常，干涉主义为变。——变态就是病态，人害了病，总是觉得蹙然不安，要想回复到健康状态的，虽然其所谓健康状态的，或者实在是病态。但是彼既认为健康状态，觉得居之而安，就虽有治病之方，转将以为厉己了。从来行干涉主义的，每为社会所厌苦，务求破坏之，回复到旧状以为快，就是这个道理。事实上，中国是只能行放任主义的，但在人们的思想上，则大不其然。中国思想的中心，是儒家的经典，所称颂的，是封建制度完整时代。此时代的特色，是（甲）大同时代社会良好的规制，尚未尽破坏，（乙）而君主的权力也较大。人民受儒家经典的暗示，总觉得社会应该有一个相生相养、各得其宜、使民养生送死无憾的黄金时代，而此种时代，又可借政治之力以达之，所以无形之中，所责望于政府者甚深。以上所述，是老死牖下，和实际政治无甚接触，而观察力也不甚锐敏的读书人。若其不然，则其人又容易受法家的暗示。法家所取的途径，虽和儒家不同。但其所责望于君主者也大，所以有实际经验，或观察力极锐敏的政治家，对于政府的责望，也总超过其实际所能的限度。

第二，在实际上，君主专制，是行之数千年了，但在理论上，则从来没有承认君主可以专制。其在古代，本来是臣有效忠于君的义务，而民没有的。反之，如儒家所提倡“民为贵，社稷次之，君为轻”等理论，则君反有效忠于民的义务。此等思想，虽然因被治阶级之无能力，而无法使之实现，但在理论上，是从来没有被破坏过的。试看从来的治者阶级，实际虽行着虐民的事，然在口头，从来不敢承认虐民，不但不敢承认虐民，还要装出一个爱民的幌子，便可知道。立君所以为民，这种思想，既极普遍，然则为民而苟以不立君为宜，君主制度，自然可以废除。这只是理论上当然的结论。从前所以不敢说废除君主，只是狃于旧习，以为国不可一日无君，无君便要大乱；因为国不可一日无治，既要有政治，即非建立君主不可。——现在既然看见人家没有君主，也可以致治，而且其政治还较我们为良好，那么，废除君主的思想，自然要勃然而兴了。两间之物，越是被人看得无关紧要的，越没有危险。越是被人看得重要的，其危险性越大。中国的君主，在事实上是负不了什么责任的，然在理论上，则被视为最能负责任、最该负责任的人，一切事情不妥，都要归咎于他。这样的一个东西，当内忧外患纷至沓来之时，其危险性自然很大。

第三，中国人是向来没有国家观念的。中国人对所谓国家和天下，并无明确的分别。中国人最大的目的是平天下。这固然从来没有能做到，然而从来也没有能将国家和天下，定出一个明确的界限来，说我先把国家治好了，然后进而平天下。质而言之，则中国人看治国和平天下，并不是一件极大极难的事，要在长期间逐步努力进行，先达到一件，然后徐图其他的——若以为难，则治国之难，亦和平天下相去无几。总而言之，没有认为平天下比治国更难的观念。因为国就是天下，所以治国的责任，几于要到天下平而后可以算终了。这种观念，也是很普遍的。世界上有哪一种人，哪一块地方，可以排斥于我们的国家以外，（A）我们对于他，可以不负责任，（B）我们要消灭他们以为快，这种思想，中国人是向来没有的。中国人总愿意与天下之人，同进于大道，同臻于乐利。有什么办法，可以使天下的人，同进于大道，同臻于乐利，中国人总欣然接受。

第四，确实，在从前也没有一个真正可称为国家的团体，和中国对立。但是和中国对立的团体，就真个没有了么？这个自然也不是的。这个对立的团体，却是什么呢？那与其说是国家，无宁说是民族。本来国家是一个自卫的团体。我们为什么不和他们合一，而要分张角立，各结一团体，以谋自卫呢？这个自然也有其原因。原因最大的是什么？自然要说是文化，文化就是民族的成因了。中国所谓平天下，就是要把各个不同的民族同化之，使之俱进于大道。——因为中国人认自己的文化是最优的——所以和别个民族，分争角立，是中国人所没有的思想。但在事实上，（A）他们肯和我们同化，自然是最好的。（B）如其不能，而彼此各率其性，各过各的安稳日子，那也不必说他。（C）他要来侵犯我们，那就有些不可恕了。（D）他竟要征服我们，那就更其不可恕了。理论上，中国人虽愿与天下各民族，共进于大道，但在事实上则未能。不但未能，而且还屡受异民族的迫害，甚而至于被其所征服。这自然也有激起我们反抗思想的可能，虽然如此，中国人却也没有因异民族的迫害，而放弃其世界大同的思想。中国人和人家分争角立，只是以人家欲加迫害于我时为限。如其不然，中国人仍愿与世界上人，共进于大道，共臻于乐利；压服他人，朘削他人，甚而至于消灭他人的思想，中国人是迄今没有的。

由第一，所以有开明专制的思想，这是变法维新的根源。由第二，所以民主的思想，易于灌输。由第三，所以中国人容易接受社会主义。由第四，所以民族主义，渐次发生。

这是近代政治思想的背景。

第十讲　近代的政治思想

近来讲中国思想的人，往往把明、清间一班大儒，如顾亭林、黄梨洲、王船山等，算入清儒之列。其实这一班人，以学术思想论，决然该算入宋、明时代的一个段落中。虽然他们也懂得考据，然而考据毕竟和人的思想无关；况且他们的考据，也多带主观的色彩，算不得纯正的考据。宋、明的学风衰息，而另开出一种清代的学风，一定要到乾、嘉时代的考据，然后可以入数。而这时代的人，却是比较的缺乏思想的。不但说不到政治上的根本问题，对于政治，也比较的不感兴趣，所以我说，清代是政治思想消沉的时期。

但是乾隆中叶以后，朝政不肃，吏治败坏，表面看似富强，实则民穷财尽，岌岌不可终日的情形，已经完全暴露。深识远见之士，每多引为深忧。到嘉庆之世，教匪起于西北，艇盗扰于东南，五口通商之役，霹雳一声，《南京条约》，竟是城下之盟，更其不必说了。所以到此时代，而政治思想，遂逐渐发皇。

这时代的政治思想，我们可以举一个最大的思想家做代表，那便是龚自珍。他的思想，最重要之点有二：（1）他知道经济上的不平等，即人们的互相剥削——经济上的剥削，是致乱的根源。他卓绝的思想，见之于其大著《平均篇》。本来以民穷财尽为致乱的根源，历代的政治家多有此思想。但是龚氏有与他人截然不同的一点。他人所谓贫，只是物质上的不足，而龚氏却看穿其为心理上的不平。历代承平数世之后，经济上总要蹙然感觉其不足。在他人，总以为这是政治不良，或者风俗日趋于奢侈所致，在龚氏，则看穿了这是社会安定日久、兼并进行日亟所致。所以在他人看了，这只是一个政治上、道德上的问题，在龚氏看了，则成为社会问题。此种卓识，真是无人能及。至于社会问题，应该用政治之力来解决，至少政治应该加以干涉，这是中国人通有的思想，龚氏自然也在所不免的。（2）他总觉得当时的政治，太无生气；就是嫌政府的力量，不足以应付时局。这种思想，也是当时政治家所通有的，但龚氏言之，特别深切著明，其所作的《著议》，几乎全是表见此等思想。将经济上的不平等，看作政治上的根本问题，这种思想，从前的人是少有的。至于嫌政府的软弱无力，不足以应付时局，则是从前的人极普通的思想。康有为屡次上书，请求清德宗变法；他所以锲而不舍，是因为他认为“专制君主，有雷霆万钧之力”。但是专制君主，究竟有没有这个力量呢？这就是开明专制能否成功的根本原因了。关于这一个问题，我的意见是如此的：

中国的政治，是一个能静而不能动的政治。——就是只能维持现状，而不能够更求进步。其所以然，是由于：（A）治者阶级的利益，在于多发财，少做事；（B）才智之士，多升入治者阶级中，或则与之相依附；其少数则伏匿不出，退出于政治之外，所以没有做事的人。君主所处的地位，是迫使他的利益和国家一致的，但亦只能做到监督治者阶级，使其虐民不能超过一定的限度。这些话，从前已经屡次说过了。因此之故，中国政治，乃成为治官之官日多，治民之官日少；做官的人，并不求其有什么本领；试看学校科举，所养所取之士，都是学非所用可知。因此，中国的官吏，都只能奉行故事；要他积极办事，兴利除弊，是办不到的。要救此项弊窦，非将政治机构大加改革不可。用旧话说起来，就是将官制和选举两件事，加以根本改革。若其不然，则无论有怎样英明的君主，励精图治，其所得的效果，总是很小的。因为你在朝廷上，无论议论得如何精详；对于奉行的官吏，无论催促得如何紧密；一出国门，就没有这回事了——或者有名无实，或者竟不奉行。所以中国君主的力量，在实际上是很小的。即他所能整顿的范围，极其有限。所以希望专制君主，以雷霆万钧之力来改革，根本上是错误的。因为他并无此力，开明专制的路，所以始终走不通，其大原因——也可说是其真原因，实在于此。

此等道理，在今日说起来，极易明白，但在当日，是无人能明白的——这是时代使然，并怪不得他们——所以所希望的，尽是些镜花水月。我们试举两事为证：当清末，主张改革的人，大多数赞成（1）废科举，或改革科举；（2）裁胥吏，代之以士人。只此两端，便见到他们对于政治败坏的根源，并没有正确的认识。从前的科举，只是士人进身的一条路。大多数应科举的人，都是希望做官的。你取之以言，他便以此为专业，而从事学习。所以不论你用什么东西——诗赋、经义、策论——取士，总有人会做的。而且总有做得很好的人。大多数人，也总还做得能够合格。至于说到实际应用，无论会做哪一种文字的人，都是一样的无用——诗赋八股，固然无用，就策论也是一样——所以从前的人，如苏轼，对于王安石的改革学校贡举，他简直以为是不相干的事。至于胥吏，从来论治的人，几于无不加以攻击。我却要替胥吏呼冤。攻击胥吏的人，无非以为（1）他们的办事，只会照例，只求无过；所以件件事在法律上无可指摘，而皆不切于实际；而万事遂堕坏于冥漠之中。（2）而且他们还要作弊。殊不知切于事实与否，乃法律本身的问题，非奉行法律的人的问题，天下事至于人不能以善意自动为善，而要靠法律去督责，自然是只求形式。既然只求形式，自不能切合于实际，就使定法时力顾实际，而实际的情形，是到处不同的，法律势不能为一事立一条，其势只能总括的说一个大概，于是更欲求其切于实际而不可得。然而既有法律，是不能不奉行的。倘使对于件件事情，都要求其泛应曲当，势非释法而不用不可。释法而不用，天下就要大乱了。为什么呢？我们对于某事，所以知其可为，对于某事，所以知其不可为，既已知之，就可以放胆去做，而不至陷于刑辟，就是因为法律全国统一，而且比较的有永久性，不朝更夕改之故。倘使在这地方合法的，换一处地方，就变为不合法；在这一个官手里，许为合法的，换了一个官，就可指为不合法；那就真无所措手足了。然则法律怎好不保持统一呢？保持法律统一者谁乎？那胥吏确有大力。从前有个老官僚，曾对我说："官不是人做的，是衙门做的。"他这话的意思，是说：一个官，该按照法律办的事情多著呢，哪里懂得这许多？——姑无论从前的官，并没有专门的智识技能，就算做官的人都受过相当的教育，然而一个官所管的事情，总是很多的，件件事都该有缜密的手续，一个人哪里能懂得许多？所以做官的人，总只懂得一个大概；至于件件事情，都按照法律手续，缜密的去办，总是另有人负其责的。这是中外之所同。在中国从前，负其责者谁呢？那就是幕友和胥吏。幕友，大概是师徒相传的。师徒之间，自成一系统。胥吏则大致是世袭的。他们对于所办的事情，都经过一定期间的学习和长时间的练习。所以办起事来，循规蹈矩，丝毫不得差错。一切例行公事，有他们，就都办理得妥妥帖帖了。——无他们，却是决不妥帖的。须知天下事，非例行的，固然要紧，例行的实在更要紧。凡例行的事，大概是日常生活所不可或缺的，万不能一日停顿。然则中国从前的胥吏幕友，实在是良好的公务员。他们固然只会办例行公事，然而非例行公事，本非公务员之职。他们有时诚然也要作弊，然而没有良好的监督制度，世界上有哪一种人，能保其不作弊的呢？所以中国从前政治上的弊病，在于官之无能，除例行公事之外，并不会办；而且还不能监督办例行公事的人，使之不作弊；和办例行公事的公务员——幕友胥吏，是毫不相干的。至于幕友胥吏的制度，也不能说他毫无弊病。那便是学习的秘密而不公开，以致他们结成徒党，官吏无法撤换他。然而这是没有良好的公务员制度所致，和当公务员的人，也是毫不相干的。

闲话休提，言归正传。内忧外患，既已不可收拾了，到底谁出来支持危局呢？在咸同之间，出来削平大乱，而且主持了外交几十年的，就是所谓湘淮军一系的人物。湘淮军一系的人物，领袖是曾国藩，那是无疑的。曾国藩确是有相当政治思想的人。他的思想，表见在他所作的一篇《原才》里；这是他未任事时的著作。到出而任事之后，他的所以自誓者，为“躬履诸艰，而不责人以同患”。确实，他亦颇能实践其所言。所以能有相当的成功。他这种精神，可以说，还是从理学里来的。这也可说是业经衰落的理学，神龙掉尾，最后一次的表演。居然能有此成绩，那也算是理学的光荣了。然而理学家立心虽纯，操守虽正，对于事实的认识，总嫌不足。其中才力大的，如曾国藩等，不过对于时事，略有认识；无才力而拘谨的人，就再不能担当事务了。实际上，湘淮军中人物，主持内政外交最久的，是李鸿章。他只是能应付实际事务的人，说不上什么思想。

五洲万国，光怪陆离的现象，日呈于目，自然总有能感受之而组织成一种政治思想的。此等思想家是谁呢？第一个就要数到康有为。康有为的思想，在中国，可以说是兼承汉、宋二学之流的。因为他对宋学，深造有得，所以有一种彻底改革的精神。因为他对于汉学，也有相当的修养，又适承道、咸以后，今文家喜欢讲什么微言大义，这是颇足以打破社会上传统的思想，而与以革命的勇气的；所以他能把传自中国和观察外国所得，再加以理想化，而组成一个系统。他最高的思想，表见在他所著的《大同书》里。这是要想把种界、国界、家族制度等，一齐打破的。他所以信此境之必可致，是由于进化的观念。他进化的观念，则表见于其春秋三世之说。大同是他究极的目的，和眼前的政治无关。说到眼前的政治，则他在戊戌变法以前，是主张用雷厉风行的手段，一新天下的耳目，而改变人民的思想的。政变以后，亡命海外，对于政俗二者，都观察得深了，乃一变而为渐进主义。只看他戊戌变法时，上疏请剪发易服，后来却自悔其误，就可知道；他所以坚决主张立宪，反对革命，其原因也在于此。康有为到晚年，对于时局，认识有些不清楚了。他坚决反对对德宣战，甚而至于参与复辟，就是其证据。但他的议论，有一点可以注意的，便是他对于政俗二者，分别得很清楚。他对于政，固然主张改变，然其牵涉到俗的一部分，即主张审慎。至于社会上的事，则主张取放任主义，不加干涉。社会亦如自然物然，有其一定的法则，不是我们要他怎样，就可以怎样的。这在现今，已经是很明白的道理。然在现今，仍有许多人的举动议论，似乎是昧于此理的。那末，他们自以为新，其实思想不免陈旧。像康有为这般被目为陈旧的人，其思想，反有合于新科学了。康有为是颇顽固的，他的世界知识，得之于经验的或者很多，得之于学问的，实在很少，他的见解，怎会有合于新科学呢？那只好说是“真理是具存于天壤的，不论你从哪一方面去观察，总可以有所得”的了。

说戊戌维新的，总以康、梁并称。梁启超，论其魄力的伟大，识力的深沉，都比不上康有为；可是他也有一种长处，那便是疏通知远。他于学问，其实是无所心得的。却是他感觉很锐敏，接触著一种学问，就能去研究；研究了，总能有相当的了解；而且还能引用来批评现实；说得来无不明白易解，娓娓动听。他的情感，亦是很热烈的，还能刺激人，使之兴奋，所以他对于中国的政治，可以说其影响实比康有为为大。尤其是《时务报》和《新民丛报》，在当时，真是风靡全国的。后来严复写信给熊纯如说“任公笔下，真有魔力”。把从甲午以后到民国，约二十年间，风气转变的功罪，都归之于他。在启超，真可以当之而无愧。但是你要问我：“梁启超的政治思想是如何？”那我是回答不出来的。因为他自己并无独到的、固定的政治思想——甚而至于可以说是一切思想，而只是善于了解他人，介绍他人——惟其无独到，所以不固定；也惟其不固定，所以无独到了。然而他对于实际的影响，其势力之雄，功绩之大，自是不可埋没。

我们若将先秦的事比况，则康有为的性质，是近于儒家、阴阳家的；梁启超的性质，是近于杂家、纵横家的；严复、章炳麟的性质，却近于道家和法家。严复译赫胥黎的《天演论》，译斯密雅丹的《原富》，译斯宾塞的《群学肄言》，他对于自然的演变，看得最明白；而也最尊重这种力量，凡事都不主张强为。最注意的，是非铜匠而修理铜盘，在凸出处打一下，凸出处没有平，别的地方，倒又凹凸不平起来了。这是近乎道家的。他又深知政治和社会不同。“政治不是最好的事”，所以主张现在该有魏武帝、诸葛孔明一流人，才可以致治，他的意见，都表见在民国初年写给熊纯如的若干封信里，语重心长，我们现在，每一披览，还深叹他切于事实。大抵法家的长处，就在对于事实观察的深刻清晰。所以不会滥引一种和现状不合的学说来，强欲施行。譬如治病，别的医生往往悬想某种治法，可以收某种功效，而对于病人，却没有诊察精细。法家是无此弊的，所以这一种人，实为决定政策时所不可少。章炳麟，在近代人物中，也是富于此等性质的。只看当立宪之论风起云涌之时，他独对于代议政体，深致疑虑，就可以见得了。

于此，以我浅薄的见解，颇致慨于现代的论政者，更无梁启超、严复、章炳麟其人。现代的政治学家，对于书本上的知识，是比前人进步了。单是译译书，介绍介绍新学说，那原无所不可，然而他们偏要议论实际的政治，朝闻一说，夕即欲见诸施行。真有“子路有问，未之能行，惟恐有闻”的气概。然而天下事，有如此容易的么？听见一种办法，书本上说得如何如何好，施行起来，可以有如何如何的效验，我们照样施行，就一定可以得这效验的么？人不是铁，学到了打铁的方法来打铁，只要你真正学过，是没有不见效的。因为铁是无生命的，根本上无甚变化；驾驭那一块铁的手段，决不至于不能驾驭这一块铁。种树就难说些了，养马更难说了，何况治人呢？且如民治主义，岂不是很好的，然而在中国，要推行民治主义，到底目前的急务，在于限制政府的权力，还在于摧抑豪强。用民政策，从前难道没人说过，没人试行过？为什么不能见效？我们现在要行，我们所行的，和昔人同异如何？联邦的组织，怎么不想施之于蒙藏，反想施之于内地？要形成政党，宋朝是最好不过的时代。因为新旧两党，一个是代表国家所要求于人民的，一个是代表人民所要求于国家的。倘使当时的新旧党，能互认敌党的主张，使有发表政见的余地，加以相当的采纳，以节制自己举动的过度，宪政的规模，早已确立起来了。现在人议论宋朝史事的很多，连这都没有见到，还算能引用学理，以批评史实么？

附录

春秋战国之学术思想

春秋、战国，是中国学术思想，开始发达的时代。这时代的学术分为许多派，互相辩论，各有特色，在中国的学术史上，实在是很有价值的。近来的人，都说春秋战国，是我国学术思想，最为发达的时代，后世都比不上他，这话也未必然。春秋战国时代的学术，固然有各专一门，各极高深的长处；也有偏执己见，不了解他人的立场的毛病。譬如墨子的主张节俭，自因为当时贵族奢侈，人民穷困之故。社会穷困之时，应得节俭，是从古以来如此的，看下文便可知道。庄子却说他的道理太苦了，人不能堪，然则坐视着冻饿的人冻饿，你还是奢侈你的，扰心自问，能堪不能堪呢？荀子又说有好政治，穷是不足为患的。墨子何尝说穷是最后的忧患？天然的忧患？不过在当时困穷的情形之下，节俭就是最好的政治罢了。这不过举其一端，其余这一类的地方还很多。总而言之：当时学术的能彀分争角立，互相辩论，固然有其好处；然亦因其在初兴之时，彼此的立场，未能互相了解之故。到后世，没有这种激烈的辩争了；固然由于思想的停滞；然亦因其在社会上通行得久了，各种学问的所长所短，大家都已了然，所以用不着甚么激烈的辩论。我们试看：《史记》的末一篇《自序》载他父亲司马谈论阴阳、名、法、儒、墨、道六家的话，以及《汉书·艺文志》论各家的话，大都有褒有贬。其所褒贬，大致可说是得当的，就可以明白这个道理。所以，我只说春秋战国是中国学术发达，有光采的时代，不说他是最好的时代。我们现在，要研究这时代的学术思想，自然得先研究这时代学术思想发达的原因。

春秋、战国时代学术思想发达的原因，在哪里呢？我以为左列两端，是其很重要的。

（1）封建政体破坏了，贵族变为平民，向来官僚的学术，变为私家的学术。

（2）社会变动剧烈，人民也困苦了，国家也危险了，仁人君子目击心伤，都想设法挽救，于是不得不研究学术。

学术是归纳若干事物所得到的原理、原则。前汉末年，刘向、刘歆父子二人，替汉朝的王室，整理书籍，编纂目录，因而推论古代学术的源流派别，著成一部书目，名为《七略》。《七略》中《辑略》是自述编辑之意的，不是书目。此外《六艺略》是经书，实在就是诸子中儒家的书。《诸子略》《兵书略》《数术略》《方技略》，都是当时各种专门之学。《诗赋略》是文学书。《七略》这部书，现在已没有了，可是《汉书·艺文志》，大概是根据他的。这是中国最古的书目，也是中国人最早统论学术源流派别之作。据他所推论，春秋、战国时的学术，其根源，都出于一种“官守”。这话虽无证据，却也有相当理由。因为古代学术，为贵族所专有；而做一种官，就有一种经验。其初不过粗引其端，后来世变日亟，根据旧有的学识，以观察世间的事物，因旧有的见解不同，所注重观察的方面，也自然不同。注重观察的方面不同，其所成就，自更因之而异了。这是春秋、战国时代，学术所以发生派别的原因。

然则当时的学术派别，是怎样的呢？一一列举，未免太烦。我们现在，且举出几家重要的来说说。

其（1）是儒家。儒家是出于司徒之官的。司徒是主教化的，所以儒家在政治上，也重德化而轻刑罚，而尤注重于人伦及道德。

其（2）是道家。道家是主张放任主义的。所以他在政治上，主张无为而民自化。他觉得后世的社会，人与人间的关系，冲突得太利害了，远不如上古时代，浑浑噩噩的好，所以慨想到“小国寡民”之世。他又以为一切事总是循环的。恃强的人，终必吃亏。所以他在应付的手段上，主张“知白守黑，知雄守雌”。

其（3）是墨家。古代社会，离共产之世未远，人民的贫富，本来相差不甚利害。享用的多少，也当合全社会而通筹。譬如到荒年，就大家的吃用，都要减省，虽天子亦是如此。譬如《礼记·王制》说：三年要储蓄一年的粮食。到三十年，就有十年的储蓄，虽然荒年，百姓也不怕饥饿了，到这时候，天子才好天天杀牲，作乐的吃饭。古代各种礼节，到荒年时候，大抵另有减省的办法。如《礼记·曲礼》篇所说：荒年，君就不能吃动物的肺，大夫就不能吃粱（粱和肺，是当时以为美食的），就是一个例子。到春秋、战国时代，就大不然了。贵族的奢侈愈甚，则其对于人民的剥削也愈甚。还要争城争地，打个不已。人民就无所措手足了。墨子是“背周道用夏政”的，所取法的，是较古的治法，所以主张节用和非攻。

其（4）是法家。当竞争剧烈之世，必须用整齐严肃的法度，以训练其人民。而在战国以前，特权阶级是贵族。贵族各顾其私，其利益，就上不与国合，下不与民同，更须有一种法子去驾驭他。法家就是应于这两种需要而发生的。他训练人民的法子，谓之“法”，督察贵族的手段谓之“术”。见《韩非子·定法》篇。

以上四家，是和社会政治，关系最大的。此外，研究哲学、论理学的，则有名家。根据天文、历法，以推求宇宙的原理的，则有阴阳家。讲求用兵的法子的有兵家。讲求外交的策略的有纵横家。讲求种植之法的有农家。讲求医学的，有医经、经方等家。医经是医学，经方是药物学。总而言之，从古相传的学术思想，到这时代，分途并进，各自发扬其光辉。所以这个时代，可以说是我国学术思想，很有光采的时代。

春秋、战国时代的学术对于社会，有怎样的影响呢？这个又可分三方面说。

（1）政治上。儒家的崇尚德化，道家的清静无为，法家的整齐严肃，对于后世的政治，都有很大的影响。就是墨家的非攻、节用，也不能说没有影响的。历代开创之初，国用常取节俭主义。就守成的贤君，也是如此。中国历代，都不喜欢侵掠他国，用兵总是自守时多，有时攻击他国，亦是怕他养成气力，将为大患之故，还是攻势的守御。间有以一两个人的野心，而从事于侵略的，总要大受舆论的非难。这都可以说是受墨子的影响。

（2）哲学上。我们最古的哲学思想，是对于宇宙万物，为一种玄学的说明的。阴阳、五行等说，很可以代表这时代的思想。这种思想，到后来，不甚受人家的重视。只有少数的数术家，根据着此等说法，以研究哲理罢了。中国人的哲学思想，是切于人事的。其最为深入于国民心坎的，则为儒家的“易”和“中庸”两种思想，道家的尊重自然的思想。中国人所以最不固执；最容易改革；凡事不走极端；不主张强为。可说都是深受古代学术思想的影响的。

（3）社会上。春秋战国的学术，对于社会影响最深的，可以说是孔子的人伦日用之教。人人都觉得人与人之间，应当互相帮助，互相亲爱；而日用寻常之间，亦必事事求其合理。做好人正不必好高骛远，就目前的境地，人人可以做得的。都是受此种思想的影响。次之则道家的委心任运，与世无争，似乎对于社会的心理，影响也很大。

以上不过举其最大的，其余较小的影响，自然是列举之而不能尽。总而言之，一种学术思想，既经盛行一时，到后来虽若成为过去，其实早已深入人人心中，成为构成他人格的一部分了。这是历代的学术思想，都是如此的。春秋、战国的学术思想，其年代较早，其影响于国民的性格，和社会上的事实，自然更深，所以这时代的学术思想，实在是中国文化很重要的一个渊源。

（选自《吕思勉文集·吕著中小学教科书五种·初中标准教本本国史》第八章）

鸦片战争前之国内情形

中国既遭遇旷古未有之变局，是时之情形如何，自应加以检讨，今分社会及政治两方面述之。

社会方面：（1）中国人对外之观念，本属宽大。《尚书大传》述越裳氏来朝，周公谓政教不加，君子不受其贡贽，此为古代之见解。降及汉代，匈奴呼韩邪单于来朝，萧望之不欲其受臣礼，犹沿此等见解之旧。自五胡乱华，中国人颇受其压迫，对外之观念稍变。辽、金侵入，汉人之受压迫弥深，见解之变亦弥甚，遂有所谓尊王攘夷之说。尊王攘夷之观念，发生于北宋之世，实晚唐时裂冠毁冕之反响，亦沙陀、契丹等侵入，有以激之使然也，至南宋而此观念益形发达。胡安国之《春秋传》，可以为其代表。对外之观念，寖流于偏狭。（2）且民族主义，须有智识以行之。民族主义，推至极端，实有弊害，惟有能受理性之支配，方可收其利而不受其害。而宋学末流入于空疏，加以科举之流毒，空疏更甚，遂至于外情茫无所知，而一味盲目排斥，几与愚民无异。（A）且如古代交通不便，各地方之风俗亦不同，以君主一人之野心，劳民伤财，妄事开拓，实无益而有损，故以勤远略为戒。然后世（甲）防御，（乙）防御性质之攻战及要点之据守，则迥非其伦矣。乃至清代，西人东来后，有以讲究边防，研求外情之说进者，迂儒犹以为勤远略而反对之。（B）又如古代工业，墨守成规，而其时社会，严禁奢侈，故有作奇技淫巧以疑众者杀之说。欧西机械，或益民用，或资国防，迥非其伦，乃亦以为奇技淫巧而妄加反对。此等锢蔽之见解，深入其心，加以（子）外力之压迫，（丑）宗教之畏恶，动于感情，劫于群众，其见解之牢不可破也遂弥甚。士人如此，愚民受其诱导，其盲目自更不待言矣，遂至新机之启辟甚难，仇外之风潮屡起。

政治方面，则以概沿闭关时代之旧，于竞争极不适宜。其最甚者，（1）行政机关组织之不善，盖自贵族阶级崩溃以后，官僚代之而居治者之位置，凡阶级之性质，恒欲剥削他阶级以自利，君主之责任，则在调和两者之间，而求其平衡，故为治最要之义，在能监督官吏，不使虐民太甚，政治遂偏向此路发达。治官之官日多，治民之官日少，夫无治民之官，则无治事之官，而百事皆废矣。况于真正办事者，尚非官吏，而实为人民自己。近代亲民之官，必称州县，州指散州言。实即古代之国君，仅能指挥监督，而不能真办事，何者？势有不及，力亦不给也。真办事者，实惟县以下之自治职，而（a）官吏每向此等人压迫，以图自利。（b）又平民生活，极为痛苦，其狡猾者，乃与官僚阶级相结托，以鱼肉平民。于是地方自治之职，本古士大夫之流，日受压迫，沦于厮养，自治之权，渐入土豪劣绅之手，凡有兴作，无不诒害于民，言治者遂以清静不扰为惟一之方术，寖至百事皆废，其或迫于时势，必须有所举办，亦皆有名无实，所谓纸面上有，实际则无也。（A）政治组织机关之坏，至清代而达于极点，因①督抚，②藩臬，③自藩臬分出之道，④府直隶州厅，⑤县及散州厅，实际乃有五级，抑压甚而展布难，亲民之官，即使按法奉事上司，已觉不给，况乎非法之伺应而婪索多耶？（B）又清代政治偏于安静，不肯擢用奇才异能及年少有为之士，而专以例督责其下。此由鉴于明代之弊而然。例非吏不能悉，遂至大权操于胥吏之手，而欲有所兴作益难。（2）至于为官吏之人，则以正途为尚。（甲）明清两代，所谓正途者，率由科举出身，科举本属良法，惟在唐宋时代，已不能尽切于实用，至明清又将前此之分科，悉并为一，事实上科举已非普通人所能应，乃不得不放弃一切，而只看几篇四书文，而其所谓四书文者，又别成为一种奇异而不合理之体制。即四书亦不必真通，而其体制，却颇足消磨精力，士人遂至一物不知。（乙）清代又因筹款屡次开捐，末年更裁减其价，以广招徕，于是仕途之流品益杂。其知识及道德水准，较之正途出身者，更形低下，末年官方之大坏，职此之由。（3）以兵力论，则（A）中国承平时代，只可谓之无兵，何者？凡事必有用，人乃能聚精会神以赴之。若其为用渺不可知其在何时，未有不以怠玩出之，而寖至于腐败者也。此为心理作用，受时势之支配，无可如何之事。历代注重军政，若宋、明之世者，其兵力虽云腐败，兵额尚能勉强维持。清代则文恬武嬉，兵额多缺，而为武员侵蚀其饷。存者亦不操练，一以武员之怠荒，一以兵饷太薄，为兵者不得不兼营他业以自治，更无操练之余暇也。（B）近代火器发明，实非人力所能敌，亦为兵事上一大变。（4）兵事如此，（甲）边防自更废弛，（乙）对于藩属之控制，亦自更粗疏矣。（五）又中国近代，富力与西洋各国相差太远，社会经济落伍，赋税之瘠薄随之。清代经常收入，恒不过四千数百万，即其末造，亦不过七八千万，尚安能有所举措耶？

在此情势之下，不能不遭一时之困难也决矣。

（选自《吕思勉文集·中国近代史八种·中国近百年史概说》第三章）

中国政治与中国社会

世界上的民族国家，为什么会有盛衰兴亡之事？

人必有其所处之境，与其所处之境适宜则兴盛，不适宜则衰亡，这是很容易明白的。然则人与环境，为什么有适宜不适宜之分呢？我们知道：动物适应环境的力量，是很小的，它所谓适应，无非是改变自己，以求与所处之境相合，如此，则非待诸遗传上的改变不可，这是何等艰难的事？人则不然，不但能改变自己，还能改变环境，使与自己适合。所以人类不但能适应环境，还能控制环境。人类控制环境的行为，为之文化。人类，很难说有无文化的，即在最古的时代，亦是如此。人类的进化，纯粹是文化进化。我们现在的社会，和汉唐时代，已经大不相同了，而我们的身体，则和地底下掘出来的几十万年以前的人，并无不同。欧洲考古学家证明古埃及人的体格和现代并无不同。不论如何野蛮社会里的人，倘使移而置之文明社会之中，都可以全学会文明社会中人之所能，而无愧色，就是一个确切的证据。所以民族国家的盛衰兴亡，全是判之于其文化的优劣。

文化为什么会有优劣呢？文化本是控制环境的工具，不同的环境，自然需要不同的控制方法，就会造成不同的文化。文化既经造成以后，就又成为人们最亲切的环境，人们在不同的文化中进化，其结果，自然更其差异了。文化是无所谓优劣的，各种不同的文化，各适宜于对付各种不同的环境。但是环境不能无变迁，而人们控制环境的方法，却变迁得没有这么快。人们控制环境的方法，为什么变迁得不会有环境这么快呢？那是由于，（1）大多数人，总只会蹈常习故。审察环境的变迁，而知道控制的方法不可不随之而变迁的，总只有少数人。（2）而我们现在社会的组织，没有能划出一部分人，且拣出一部分最适宜的人来，使之研究环境变迁的情形，制定人类控制的方法，而大家遵而行之，而只是蹈常习故。古希腊人有一种理想，以为君主宜以最大的哲学家为之，中国古代亦系如此。《公羊》隐公元年《何注》，说“元年春王正月公即位”之义道：“《春秋》以元之气，正天之端，以天之端，正王之政，以王之政，正诸侯之即位，以诸侯之即位，正境内之治。诸侯不上奉王之政，则不得即位，故先言正月而后言即位，政不由王出，则不得为政，故先言王而后言正月也。王者不承天以制号令则无法，故先言春而后言王，天不深正其元，则不能成其化，故先言元而后言春，王者同日并见，相须成体，乃天人之大本，不可不察也。”此谓王者应根据最高的原理，制为定法，以治天下，其说原无误缪。但在小国寡民之世，事务简单，庸或能事事措置妥帖。在广土众民之世，就断无法悉知悉见了。悉知尚且不能，何况加以研究，而制定适当的处置方法？所以古人希望有一个圣人出来，对于一切事情无不明白，因而能指示众人以适当处置的方法，事实上是不可能的。但一人之智不及此，合众人而共同研究，则不能谓其智不及此。我们的误缪在于，（一）迷信世界上有一个万古不变之道，此道昔人业已发现，我们只要遵而行之，遂不复从事于研究。（二）处事之时，亦不肯注重于研究。即或迫于事势，不得不加以研究，而研究的人数，既苦于不足，其人选又不适宜。所以社会科学的道理，迄今多黯然不明。现代科学的研究，不合理想的地方还很多，因其规模比较大，研究的人数比较多，人选亦比较适宜，其成绩就非前此所可同日而语了。所以治世的方法，并非不可发现的，不过人们现在的所为，不足以语于此。于是环境变迁了，人还是茫然不觉。（3）虽然没有能够推出一部分人来，使之从事于研究环境的情形，以定众人行为的方针，然事实上总有处于领导地位的人。这种人，往往头脑顽固，而且其利益往往和大众及全体冲突，以全体的利益论，在某时代，适宜于改行新制度，制度二字，旧时多就政治方面言，此处所用，兼该社会的规则。所谓环境，实有两方面：一为自然，一即社会，可谓人类的自身。制度即人类所以控制自己的。而这种人的私利，都是藉旧制度为护符的。因为和其私利冲突，新制度，即适宜于控制环境的方法，往往为此等人所反对。甚至知识为利欲所蔽，连此等新制度的适宜，他也不知道了，而真以旧制度为适宜，遂至尽力以反对新制度，保存旧制度。因为此等人在社会上是有力分子，人们要改变控制环境的方法，就成为非常艰难的事，因为先要对付反对改变的人。如此，人们改变控制环境的方法，就往往要成为革命行为，这是何等艰难的事？

文化的兴起，本是所以应付自然的。在最初的一刹那间，所谓环境，其中本只包含自然的成分。此系就理论上言，勿泥。但是到文化兴起以后，文化就成为环境中的一个因素了。而且较诸自然的因素，更为重要。因为自然的变迁，是缓慢的。在短期内，不会使人们有大变其控制方法的必要。人为的因素则不然。其变迁往往甚剧，迫令人们非改变其方法不可。能改变则更臻兴盛，不能改变则日就衰亡，大概都是这种因素。文化是有传播性质的，即甲社会控制环境的方法，可以为乙社会所仿效，乙社会之方法，可为甲社会所仿效亦然。此其相互之间，较优的社会，往往欣然愿意指导较劣的社会，而较劣的社会，亦恒欣然乐于接受。此等现象的由来，我们除掉说：人是生而有仁智之心的，别无解释的方法。人心之不可改变，等于人体之不可改变。心理是根于生理的，其实二者原系一事。要使人不爱人，人不求善，正和不许人直立而使之倒悬一样的难。如此，世界上各地方各种不同的文化，就应当迅速的互相传播，各地方很快的风同道一；而全人类的文化，也因之日进无疆了。然而不能不为前述的原因所阻碍。因此，各民族国家的文化，就不能无适宜与不适宜之分，因而生出盛衰兴亡之事。

当盛衰兴亡迫于眉睫，非大改变其文化不能控制环境，以谋兴盛而避衰亡之时，其能否改变，改变之速度能否与环境的变迁相应，所谓能否改变，其实就是速度能否相应的问题。若不为环境所迫而至于衰亡，时间尽着延长，是没有什么民族，能断言其不会改变的。仍看其本来文化的高低。

因为自然的环境不会急变，急变的总是人造出来的环境，所以一个民族、一个国家环境的剧变，恒在与一个向不交通的区域交通之时。这所谓交通，非普通所谓往来之义。世界上无论如何隔绝的区域，和别一区域直接或间接的往来，怕总是有的，但是此等偶尔的往来，并不能使该区域中的文化，发生需要改变的情形，便非我在此地所说的交通。我在此地所说的交通，乃指因两造的往来，使其中的两造或一造所处的环境，为之改变，达于非改变控制方法不可的程度而言。不达于此程度，虽日日往来，亦不相干。准此以谈，则中国的文化，可以划分为三大时期：即

（1）中国文化独立发展时期。

（2）中国文化受印度影响时期。

（3）中国文化受欧洲影响时期。

第一时期的界限，截至新室灭亡以前，寻常都以秦的统一，为古今的大界，其实这是表面上的事情，若从根本上讲，则社会组织的关系，实远较政治组织为大。中国在古代，本有一种部族公产的组织，其部族的内部，及其相互之间，都极为安和，此种文化，因交通范围的扩大，各部族的互相合并而破坏了。但其和亲康乐的情形，永为后世所追慕，而想要恢复他，因为昔人不明于社会组织的原理，所走的是一条错误的路，因此，自东周至前汉之末，此种运动，垂六七百年，此不过约略之辞，实际上，此等运动，或更早于此，亦未可知。不过在两周以前，史料缺乏，无可征信罢了。而终于无成。自新室的革命失败以后，我们遂认现社会的组织是天经地义而不可变。不以为社会的组织，能影响于人心，反以为人心的观念，实造成社会的组织，遂专向人的观念上去求改良。在这种情形之下，印度的哲学思想，是颇为精深的；其宗教感情，亦

极浓厚；适合我们此时的脾胃，遂先后输入，与中国固有的哲学宗教，合同而化，而成为中国的所谓佛教。发达到后来，离现实太远了，于是有宋朝的理学，欲起而矫其弊。然其第一时期以观念为根本，第二时期承认现社会的组织为天经地义，还是一样的。所以理学代佛学，在社会上，并不起什么变化。近几百年来，欧洲人因为生产的方法改变了，使经济的情形大局改变。其结果，连社会的组织，亦受其影响，而引起大改革的动机。其影响亦及于中国。中国在受印度影响的时代，因其影响专于学术思想方面，和民族国家的盛衰兴亡，没有什么直接的紧迫的关系。到现在，就大不相同了。交通是无法可以阻止的，最小的部族为什么要进为较大的大国？较大的国家为什么要进为统一的大国？统一以后，为什么还要与域外之国相往来，都是受这一个原理的支配。既和异国异族相交通，决没有法子使环境不改变，环境既改变，非改变控制的方法，断无以求兴盛而避衰亡。所以在所谓近世期中，我们实有改变其文化的必要。而我国在受著此新影响之后，亦时时在改变之中，迄于今而犹未已。

转变，伟大的转变！

要讲中国的近世史，必先知道入近世期以前中国的情形，现在从政治、社会两方面，说其大略。

中国的政治，是取放任主义的。从前的政治家，有一句老话，说“治天下不如安天下，安天下不如与天下安”。只这一句话，便表明了中国政治的消极性。中国的政治，为什么取这种消极主义呢？原来政治总是随阶级而兴起的。既有阶级，彼此的利害，决不能相同。中国政治上的治者阶级，是什么呢？在封建时代，为世袭的贵族。封建既废，则代之以官僚。所谓官僚，是合（1）官；（2）士，即官的预备军；（3）辅助官的人，又分为（甲）幕友，（乙）吏胥，（丙）差役；（4）与官相结托的人，亦分为（子）绅士，（丑）豪民。此等人，其利害都和被治者相反，都是要剥削被治者以自利的。固然，官僚阶级中，未尝无好人，视被治阶级的利害，即为自己的利害。然而总只是少数。这是因为生物学上的公例，好的和坏的，都是反常的现象，只有中庸是常态。中庸之人，是不会以他人之利为己利，亦不会以他人之害为己害的，总是以自己的利益为本位。社会的组织，使其利害与某一部分人共同，他就是个利他者。使其利害和某一部分人相对立，就不免要损人以自利了。所以官僚阶级，决不能废督责。督责二字，为先秦时代法家所用的术语。其义与现在所谓监察有些相似，似乎还要积极些。然中国地大人众，政治上的等级，不得不多，等级多则监督难。任办何事，官僚阶级都可借此机会，以剥民而自利。既监督之不胜其监督，倒不如少办事，不办事，来得稳妥些。在中国历史上，行放任政策，总还可以苟安，行干涉政策，就不免弊余于利，就是为此。因此，造成了中国政治的消极性。

试看政治上的制度：中国是世界上最古的大国，皇帝的尊严，可谓并时无二，然其与臣下的隔绝亦特甚。现在世界上，固有版图更大于中国的国家，然合最古和最大两条件言之，则中国实为世界第一。康有为《欧洲十一国游记》曾说：中国人所见外国有君主，往往臆想，以为亦和中国的皇帝一样，其实全不是这么一回事。欧洲小国的君主，时常步行出宫，人民见之，脱帽鞠躬，他亦含笑答礼，较之中国州县官，出有仪卫的，还觉得平易近人得多呢。中国君主的尊严，乃由其地大人众，而政治上的等级，不得不多，等级多，则不得不隔绝，隔绝得厉害，自然觉得其尊严了。再加历史上的制度和事实，都是向这一方面进行的。所以历时愈久，尊严愈甚，而其隔绝亦愈甚。秦汉时的宰相，是有相当的权力，而其地位亦颇尊严的。然自武帝以后，其权已渐移于尚书。曹魏以后，又移于中书，刘宋以后，又参以门下。至唐代，遂以此三省长官为相职，而中书、门下，尤为机要。后来两省长官，不复除人，但就他官加一同平章事等名目，即为宰相。其事务，则合议于政事堂。政事堂初在门下省，后移于中书省。宋元之世，遂以中书省为相职。中书、门下等官，其初起，虽是天子的私人，至此其权力又渐大，地位又渐尊了。明世，乃又废之而代以殿阁学士。清代，内阁之权，又渐移于军机处。总而言之，政治上正式的机关，其权桓日削，而皇帝的秘书和清客一类的人，其权恒日张。内阁至清代，已成为政治上正式的机关。军机处则不过是一个差事，和末年的练兵处、学务处一样。外官：秦汉时的县，实为古代的一国，此乃自然发达而成的一个政治单位。五等之封，在经学上，今古文立说不同。今文之说，见于《孟子·万章下》篇和《礼记·王制》，大国百里，次国七十里，小国五十里，此乃自然的趋势所发达而成的政治单位。《汉书·百官公卿表》说：汉承秦制，县大率方百里，即是将此等政治区域，改建而成的。古文之说，见《周官·职方氏》，公之地方五百里，侯、伯、子、男，递减百里，乃根据东周以来的事实立说的。如《孟子·告子下》篇说：今鲁，方百里者五，就是《周官》所说的公国了。此等国中，实包含许多政治单位，而其自身并非一个政治单位。更大的国，如晋、楚、齐、秦等，就更不必说了。大率方百里为一政治单位，实从春秋以后，直到现在，未曾有根本变更。因为县这一个区域，从来没变动过。郡本是设在边陲之地，以御外侮的，与县各自独立，不相统属。后来大约因其兵备充足，县须仰赖其保护，乃使之隶属于郡，然仍只是边陲之地。战国时，楚之巫、黔中，燕之上谷、渔阳、右北平、辽西、辽东，赵之云中、雁门、代郡等，均在沿边之地。秦始皇灭六国，因其民未心服，觉得到处有用兵力镇压的必要，乃分天下为三十六郡，而以郡统县，始成为普遍的制度。此时距封建之世近，郡守的威权，又怕其太大，乃设监察御史，汉朝则遣刺史监察之。汉朝的刺史，一年一任，没有一定的驻所；其人的资格和官位，都远较太守为低。所察以诏书所列举的六条为限，不外乎太守的（1）失职，（2）滥用威权，（3）依附豪强，其他概非所问，真是一个纯粹的监察官。唐宋以后的监司官，就不能如此了。然即使把它算作行政官，也还只有三级。至元代，乃又于其上设一中书行省。明虽废之而改设布政、按察两司，其区域则仍元行省之旧。至清代，督抚又成为常设的官，而布政司的参政、参议，分守各道，按察使的副使、佥事，分巡各道的，又渐失其原来的性质，而俨若在司府之间，自成一级。于是合（1）督抚，（2）司，（3）道，（4）府、直隶州厅，（5）县、散州厅，秦并天下，立郡县二级之制。汉时刺史，本非行政官。每一刺史所分察的区域，政治上并无名称，当时言语，则称之为州。后来改刺史为州牧，即沿用其称谓。州字至此，始成为行政区划之名。东晋以后，疆域缩小，而侨置的州郡日多。州之疆域，寖至与郡无异，隋时乃并为一级。自此州郡二字，异名同实，都系秦汉时的所谓郡。其监司官所管的区域，则唐称为道，宋称为路。元时于路之上又置行中书省。明虽废省设监司，其区域则仍元之旧，其名称遂亦相沿不变。府之称，唐时唯长安、洛阳为然。后梁州以为德宗所巡幸，亦升为兴元府。宋代大州多升为府。于是秦汉时所谓郡的一级，或称为府，或称为州。此为明代府与直隶州并立的由来。其直隶厅，则系清代同知、通判另有驻地，而直隶于布政司者之称。又元时因省冗官，令知州兼理附郭县事，明初遂并县入州，所以凡直隶州都无附郭县，其不领县的，称为散州，就与县无异了。散厅则是同知、通判有驻地而仍属于府的。总之，近代的地方制度，颇为错杂不整。几乎成为五级了。等级愈多，则下级受压制愈甚，而不能有所作为；上级的威权愈大，而驯致尾大不掉。清中叶以后，此等弊害，是十分显著的。县既是古代的一国，县令即等于国君，是不能直接办事的，只能指挥监督其下。真正周详纤悉的民政，是要靠乡镇以下的自治机关举行的。此等机关，实即周时比长、闾胥、族师、党正、州长、乡大夫等职；汉世的三老、啬夫、游徼，尚有相当的权力，而位置亦颇高。魏晋以后，自治废弛，此等乡职，非为官吏所诛求压迫，等于厮役，即为土豪劣绅所盘踞，借以虐民，民政乃无不废弛。总而言之，中国政治上的制度，是务集威权于一人，但求其便于统驭，而事务因之废弛，则置诸不问，这是历代政治进化一贯的趋势，所以愈到后世，治官的官愈多，治民的官愈少，这是怪不得什么一个人的。政治的进化，自有一个隐然的趋势在前领导着，在这趋势未变以前，是没有法子违逆它的。即使有一两个人要硬把它拗转来，亦不旋踵而即复其旧，其而至于加甚其程度。

因为政治上有这但求防弊的趋势，就造成了一种官僚的习气。官僚政治的情态是（1）不办事，（2）但求免于督责，（3）督责所不及，便要作弊。不办事的方法，是（甲）推诿，（乙）延宕。推诿是干脆不办。延宕是姑且缓办，希冀其事或者自行消灭，或可留给别人办。官场的办事，所以迟缓，就是为此。但求免于督责，则最好用俗话所谓“说官话”的手段。表面上丝毫无可指摘，实际上却全不是这么一回事。官场的办事，所以有名无实，即由于此。作弊乃所以求自利，求自利，是一切阶级本来的性质，与其阶级同生，亦必随其阶级而后能同灭的。官僚既成为一阶级，自亦不能违此公例。所以官僚阶级的营私舞弊，侵削国与民以自利，是只能随监督力量的强弱而深浅其程度的，性质则不能改变，这是古今中外所同然的。作事的但求卸责，及监督不及，便要作弊，外国的官僚政治，亦和中国相同，但其官制受过资本主义的洗礼，组织要灵活些，监督也要严密些，所以作弊要难些，办事也要敏捷些，然其本质则无异。

以上所说的是立法，至于用人，则向来视为拔取人材之途的，是学校与科举。学校在官办的情形下，自然不会认真。倒不如科举，还有一日之短长可凭。科举遂成积重之势，流俗看重它，朝廷亦特优其出身。然科举则所学非所用。从前的科举，取中之后，是要给他官做的，实在是一种文官考试。然其所考的，则唐朝为诗赋和帖经、墨义，宋朝则废帖经而改墨义为大义，帖经、墨义之式，见于《文献通考·选举考》。帖经是责人默写经文，墨义则责人背诵注语，和现在学校中旧式考试，专重记忆的一般。此乃受当时治学方法的影响。因为当时人的治经，本是以记忆为贵的。都是和做官无干的。自宋以前，诗赋及经义，迄分为两科，元以后复合为一。元、明时首场试四书、五经义，次场试古赋、诏、诰、表等，均系辞章性质。清朝虽去之，将四书五经义于头二场分试，然头场试诗一首，仍须懂得辞章。其事实非普通人所能为。明、清以来，遂专注重于几篇四书义，而其余都不过敷衍了事。而四书义的格式，又经明太祖和刘基制定，是要代圣贤立言的。因此，遂生出不许用后世事的条件。明清两代，科场所试的经义，体制相同。以其本为明太祖所制定，所以称为制义，又称为制艺，其体制颇为特别。中国的对偶文字，是句与句相对，此则段与段相对。其严整的格式：除起处先以两句总括题旨，谓之破题；又以数语续加申说，谓之承题；再以一段总括题义，谓之起讲外，以下的文字，须分作八段。第一段与第二段，第三段与第四段，第五段与第六段，第七段与第八段相对。除起讲之后，有数单语，谓之入手；每两段之后，可以有数单语，谓之出落；结笔又可用数单语，谓之落下外，其余都须两两相对。后来虽有变通，大体相去总不甚远。此种文体，本已特别，非专门学习不可。后来出题目的，又务求其难，如其所谓虚小题。虚题，有专取两个虚字，以为题目的。如以《孟子·告子下》篇“必先苦其心志，劳其筋骨，饿其体肤，空乏其身，行拂乱其所为”之“必先”二字为题。小题中的截上，将上文截去；截下则将下文截去；截搭则上一句系截上，下一句系截下，此等题目，本非连上下文不可解，而文字的表面上，却不许涉及上下文，谓之犯上，犯下。截搭题则做六股，前两股说上句，其中须隐藏下句的意义，或硬嵌入其字面，谓之钓。后二股做下句，对于上句亦然，谓之挽。中闻两股，则从上句说到下句，谓之渡。大题有出至十余章的，根本不是一句话，而文中不许各章分说，硬要想出一个法子来，把它联成一片，谓之串做。诸如此类，都是非法之法，单明白事理的人，不会就懂得的，所以非专门学习不可。此等非法之法，是很多的。以上所举，不过大略。所以学之颇费时间。天资中等的人，就可以穷老尽气了。以上所说的，系属后来的流弊。其（1）段与段相对，（2）不准自己说话，而要代书中的人立言，则初立法时已然，此二者可谓八股文的特色，为此种文体所由成，即此已与普通事理不合，非专门学习，不会懂得了。应科举的人，本来是不讲学问，只求会做应试文字的。应试文字，当其立法之初，虽亦想藉此以觇所试的人的学识，然其结果，往往另成为一种文字。无学识的人，经过一定的学习，亦可以写得出来，有学识的人，没有学习，亦觉无从下手，应举文字至此，遂全与学识无干。而况加以这一种限制，使其更便于空疏呢？近世学子之所以一物不知，和科举制度，不能不说有很大的关系。人的气质，是多少和其所从事的职业，有些关系的。唐朝的进士试诗赋，其性质多近于浮华。明、清的科举重四书义，四书注则采用朱注，所以其士子的性质，多近于迂腐。空疏则不知官吏的职责，迂腐则成为改革的阻力。清朝后来所以政治上绝无可用之才，而所谓绅士，多成为顽固守旧之魁，即由于此。但此等人，究竟还有些方正的性质，总还有所不为，虽不懂得世务，还有些空泛的忠君爱民，顾惜名节等观念。而清朝从中叶以后，又大开其实官捐，出了钱的人，都可以买官做。于是官场的流品益杂，其人的道德观念和智识程度，又在科举中人之下。而仕途的拥挤，又逼着他无所不为，官方之坏，就不可收拾了。就一般国民之中，拔擢出一部分人来，算他有做官的资格，谓之取士。就已有做官资格的人，授之以官缺，谓之铨选。铨选有两法：一种是畀用人之人以选择之权的，是为注重衡鉴。一种则专守成法，不许以意出入，是为注意资格。以人批评人，固然很难得当，较之全不问其好坏，总要好些。所以就理论言，注重衡鉴之法，实较专凭资格为合理。但这是以操铨选之权者大公无私为限。若其不然，则势必衡鉴其名，徇私舞弊其实，还不如资格用人，可以较为安静了。从注重衡鉴，变为专守资格，亦是从前政治进化自然的趋势。政治主义不变，是无法可以遏止的。但在非常之时，亦必有非常之法，以济其穷。清朝却始终没有，一切又是循资按格。所以始终不能擢用有才有志的人，以振作士气，鼓舞民心，洊升至大僚的人，大都年已六七十，衰迟不振，惟利是图。这是清朝的政治所以绝无生气的原因。

在朝的政治，既无生气，所希望的，就是在野的人。在野的人，就是所谓士。不在其位的士大夫，都慷慨喜言政治，有时亦可影响于朝局。而且在野的人，喜谈政治，则留心政治的人必多，其中自多可用之才。苟得严明的君主以用之，自易有振敝起衰之望。党祸的根源，就政治上言之，实由上无严明之主，历代的党祸，其中的首领，也总有几个公忠体国的人，但大多数附和的人，则均系为名为利。加以惩治，适足使其名愈高，名高而利即随之，彼正私心得计，所以党争必不可以力胜。只要有严明的政治，持之以久，而不为其所摇动，久则是非自见，彼将无所藉以鼓动群众，其技即将穷而自止，而党祸也就消灭了。清朝承明代党争之后，防止立社结党甚严。又清以异族入主中原，对于汉人，较之前朝猜忌尤甚。所以士大夫都不敢谈政治，而萃其心力于辞章考据。清儒的学问，亦自有其特色，然就政治方面论，则大都是无用的。又承宋明理学盛极而衰之会，只致力博闻而不讲究做人的道理。所以其人的立身行己，多无足观。既无以自足于内，则必将浮慕乎外，而嗜利却不重名节，遂成为士大夫阶级一般的风气。

凡百政事，总是有了钱，才能够举办的。所以财政实为庶政的命脉。要想积极地整顿政治，理财之法，是不能不讲的。中国的政治，既是放任主义，所以其财政亦极窳敝。全国最重要的赋税是地丁。地即田税，丁乃身税，本指力役而言。责民应役，其弊甚多，乃改为折纳钱而免其役。而所谓折纳钱者，又不是真向应役的人征收，而是将全县丁额，设法摊派于有田之家，谓之丁随粮行。名为丁税，其实还是田税。清朝所谓编审，就是将丁税之额，设法改派一番，和清查户口，了不相干。所以各县丁税，略有定额，并不会随人口而增加。清圣祖明知其然，乃于康熙五十一年下诏：令后此滋生人丁，永不加赋。新生人丁，概不出赋，而旧有丁赋之额，仍要维持，就不得不将丁银摊入地粮了。至此，地丁两税，乃正式合并为一。所以昔时租税的基本部分，全为农民所负担，其伸缩之力极小。财政困难时，加赋往往召乱。但不加赋，又无以应付事情，这亦是从前政治难于措置的一端。

国家最重要的职务，是维持国内的秩序，抵御外来的侵略。为达到这两项目的起见，于是乎有兵刑。中国从前的情势，在承平时代，是无所谓兵的，所谓兵，只是有一种人名为兵而吃饷，其实并无战斗力。这是由于承平时代，并无对立的外敌，亦无必须预防的内乱。处此情形之下，当兵的人和带兵的人，自然不会预期着要打仗，而军政就因之腐败了。兵可百年不用，不可一日无备，私天下的人，何尝不想维持强大的军队，以保守一己的产业？然有强兵而无目标，其兵锋往往会转而内向，这亦是私天下者之所惧，因此不敢十分加以整顿。而且在政治腐败之时，亦不知道要整顿，即使想整顿，亦复不能整顿。所以在历史上，往往内乱猝起，外患猝至，国家竟无一兵可用。要经过相当时间，新的可用的军队，才能从一面打仗、一面训练中，发生成长起来。这亦是为政情所规定，而无可如何的。

至于刑法，则向来维持秩序的，是习惯而非法律。换言之，即是社会制裁，而非法律制裁。其所由然：（1）因政治取放任主义而软弱无力。（2）因疆域广大，各地方风俗不同，实不能适用同一的法律。于是法律之为用微，而习惯之为用广。（3）因社会上的恶势力，并没有能够根本铲除。如家法处置等事，到现在还有存留于社会的。（4）因官僚阶级中人，以剥削平民为衣食饭碗，诉讼事件，正是一个剥削的好机会。此项弊窦，既为官僚阶级的本质，则虽良吏亦无如之何。不得已，乃惟有劝民息讼。以国家所设的官，本以听讼为职的，而至于劝民息讼，细想起来，真堪失笑。然在事实上，却亦不得不然。五口通商以后，西人藉口于我国司法的黑暗，而推行其领事裁判权，固不免心存侵略，然在我，亦不能说是没有召侮的原因。

中国的人民，百分之八十是农民，农民的知识，大概是从经验得来的。其种植的方法，颇有足称。但各地方的情形，亦不一律，如李兆洛做《凤台县志》，说当地的人，一人种田16亩，穷苦异常。有一个人，唤做郑念祖，雇一兖州人种园。两亩大面积，要雇一个人帮忙。所用的肥料，要2000个铜钱。而凤台本地人，却种10亩地，只用1000个铜钱的肥料。其结果，兖州人所种园地，大获其利，而凤台当地人，则往往不够本。于此，可见凤台人耕作之法，远不如兖州。李兆洛是常州人。常州是江南之地，江南的耕作法，是号称全国最精的，李氏因而主张，雇江南的农师，到凤台去教耕，兼教之以各种副业。他说：如此，一人16亩之地，必可温饱而有余。举此一例，可见各地方的农民，其智识的高低，并不一律。这是因地利之不同，历史之有异，如遭兵荒而技术因之退步等。所以其情形如此。但以大体论，中国的农民是困苦的。这因（1）水利的不修，森林的滥伐，时而不免于天灾。（2）因田主及高利贷的剥削，商人的操纵。（3）沃土的人口，易于增加。所种的田，因分析而面积变小。所以农民的生活，大多数在困苦之中。设遇天灾人祸，即遭流离死亡之惨，亦或成为乱源。工业：大抵是手工。有极精巧的，然真正全国闻名的工业品并不多。即使有，其销场实亦仍限于一区域中。流行全国的，数实有限。如湖笔、徽墨，其实并未推行全国，各处都有制造笔墨的人。此因制造的规模不大，产量不多，又运输费贵，受购买力的限制之故。普通用品，大抵各有行销的区域。工人无甚智识，一切都照老样子做，所以改良进步颇迟；而各地方的出品，形式亦不一律。商人在闭关时代，可谓最活跃的阶级，这因为社会的经济，既进于分工合作，即非交换不能生存。而生产者要找消费者，消费者要找生产者极难，商人居其间，却尽可找有利的条件买进，又可尽找有利的条件卖出。他买进的条件，是只要生产者肯忍痛卖。卖出的条件，是只要消费者能勉力买，所以他给与生产者的，在原则上，只有最低限度。取诸消费者的，在原则上，却达于最高限度。又且他们手中，握有较多的流动资本。所以商人与非商人的交易，商人总是处于有利地位的。在他们之中，专以流通资本为业的，是钱庄和票号，亦占有相当势力。当铺则是专与贫民做交易的，这可说是放债者的组织。中国的商业，虽有相当的发达，但受交通及货币、度量衡等制度发达不甚完美的影响，所以国内商业，还饶有发展的余地。商人经营的天才，亦有足称。但欲以之与现代资本雄厚、组织精密的外国商人为敌，自然是不够的。加以他们（1）向来是习于国内商业的，对于国外商业的经营，不甚习熟。（2）资本又不够雄厚。（3）外国机器制品输入，在中国饶有展拓之地，即居间亦有厚利可图。所以海通以来，遂发达而成为买办阶级。

农工商三种人，都是直接生利的，士则否。士人：（1）最得意的，自然是做官去了。（2）次之则游幕，亦是与官相辅而行的。（3）因做官的人生活宽裕，往往可以支持数代又读书，从前算做高尚的职业，所以农工商中，生活宽裕的，以及无一定职业，而生活宽裕的，亦或以读书为业。此等读书人，纯粹成为有闲阶级。（4）大多数无产的，则以教馆为生，握有全国文字教育之权。从前的读书人，知识大体是浅陋的。这因（1）中国人的读书，一部分系受科举制度的奖励。（2）又一部分，则因实际应用的需要，如写信、记账等。志在科举而读书的，自然专以应举为目的。从前人读书，所以入手即读四书，即因考试专重四书文之故。读到相当程度，即教以作应举之文，应举之文，如前述，是可以穷老尽气的。教者既除此之外，一无所知，学者的天资，在中等以下的，自亦限于此而不能自拔。所以一部分生计较裕、愿望较大的人，读了书，往往成为浅陋顽固之士。至于其读书，系为识得几个字，以便应用的，则教之之人，亦更为浅陋。大抵乡间的蒙馆，做老师的人，亦多数是不通科举之学的，他们本亦只能教人识几个字，写写信，记记账。在古代此等识字之书，编成韵语，使人且识字且诵读的。如《急就篇》等是。但在近代，此等书久未编纂，于是改而教人识方字。既已认识方字，此等编成韵语的书本可不读，因为方字便是其代用品。然此等闾里书师，四字见《汉书·艺文志》，可见现在村馆蒙师，历代都有。是只知道相沿的事实，而不知其原理的。既识方字之后，乃教之以《三字经》《千字文》《百家姓》《千家诗》等。再进一步，就惟有仍教之以四书了，其结果，于此等人的生活，全不适切，应用的技能，亦所得有限。士人本有领守他阶级的责任，中国士人最能尽此责任的，要算理学昌明时代，因为理学家以天下为己任，而他们所谓治天下，并不是专做政治上的事情，改良社会，在他们看得是很要紧的。他们在乡里之间，往往能提倡兴修水利、举办社仓等公益事业。又或能改良冠婚丧祭之礼，行之于家，以为民模范。做官的，亦多能留意于此等教养之政。他们所提倡的，为非为是，姑置勿论，要之不是与社会绝缘的。入清代以后，理学衰落，全国高才的人，集中其心力的是考据。考据之学，是与社会无关系的。次之，则有少数真通古典主义文学的人，其为数较多的，则有略知文字，会做几篇文章、几首诗，写几个字，画几笔画的人。其和社会无关系，亦与科举之士相等。总而言之，近代的读书人，是不甚留意于政治和社会的事务的。所以海通以来，处从古未有的变局，而这一个阶级反应的力量并不大，若在宋明之世，士子慷慨好言天下事之时，则处士横议，早已风起云涌了。

士子而外，还有一种不事生产的人。此等人，在乡里则称为无赖，称为地痞，称为棍徒，出外则称为江湖上人，即现在上海所谓白相人，亦即古代所谓豪杰、恶少年等。此等人大抵不事生产，其生活却较一般平民为优裕。其进款的来源，则全靠其一种结合，因而成为一种势力。于是（1）或者遇事生风，向人敲诈。（2）则做犯法的事，如贩卖私盐等等。（3）或且为盗为贼。此等人和吏役大抵有勾结，吏役又有些怕他，所以在政治上，很难尽法惩治。在秩序安定之时，不过是一种游食之人，在秩序不安定之时，即可起而为乱，小之则盘踞山泽，大之则就要攻劫州县，成为叛徒了。历代的乱事，其扩大，往往由于多数农民的加入，其初起，往往是由此等人发动的。中国的平民是无组织的，此等人却有组织，所以英雄豪杰，有志举事的，亦往往想利用他们，尤其是在异族入据之世。但此等人的组织，根本是为解决自己的生活问题的。其组织虽亦有相当的精严，乃所谓盗亦有道。盗虽有道，其道究只可以为盗，真要靠他举行革命事业是不够的。

一般的风气，家族主义颇为发达。人类在较早的时代，其团结大概是依据血统的，当这时代，治理之权，和相生相养之道，都由血缘团体来担负，是为氏族时代。后来交通渐广，交易日繁，一团体的自给自足，不如广大的分工合作来得有利，于是氏族破坏，家族代兴。中国的家族，大体以“一夫上父母下妻子”为范围，较诸西洋的小家庭，多出上父母一代，间有超过于此的，如兄弟几房同居等，其为数实不多。此等组织，观念论者多以为其原因在伦理上，说中国人的团结，胜于欧美人。其实不然，其原因仍在经济上。（1）因有些财产，不能分析，如兄弟数人，有一所大屋子，因而不能分居是。（2）而其最重要的原因，则小家庭中，人口太少，在经济上不足自立。譬如一夫一妻，有一个害了病，一个要看护他，其余事情就都没人做了。若在较大的家庭中，则多少可借些旁人的力，须知在平民的家庭中，老年的父母，亦不是坐食的，多少帮着照顾孩子，做些轻易的事情。（3）慕累世同居等美名以为伦理上的美谈，因而不肯分析的，容或有之，怕究居少数，但亦未必能持久。凡人总有一件尽力经营的事情，对于它总是十分爱护的。中国人从前对于国家的关系，本不甚密切，社会虽互相联结，然自分配变为交易，明明互相倚赖之事，必以互相剥削之道行之，于是除财产共同的团体以内的人，大率处于半敌对的地位。个人所恃以为保障的，只有家族，普通人的精力，自然聚集于此了。因此，家族自私之情，亦特别发达。（1）为要保持血统的纯洁，则排斥螟蛉子，重视妇女的贞操。（2）为要维持家族，使之不绝，则人人以无后为大戚。因而奖励早婚，奖励多丁，致经济上的负担加重，教养都不能达到相当的程度。（3）公益事情，有一部分亦以家族为范围，如族内的义田、义学等是。（4）因此而有害于更大的公益。如官吏的贪污，社会上经手公共事业的人的不清白，均系剥削广大的社会，以利其家族。（5）一部分人，被家族主义所吞噬，失其独立，而人格不能发展。尤其是妇女，如说女子无才便是德。因而不施以教育，反加以抑压锢蔽之类。总而言之，家族制度和交换制度，是现代社会的两根支柱，把这两根支柱拉倒了，而代以他种支柱，社会的情形就大变了。

乡土观念亦是习惯所重的。（1）因交通不便，各地方的风俗，不能齐一，尤其言语不能尽通。（2）而家族主义，亦本来重视乡土的。因为家族的根据，总在一定的地方，而习俗重视坟墓，尤属难于迁移之故。因此离开本乡，辄有凄凉之念，虽在外数十年，立有事业，仍抱着“树高千丈，叶落归根”的思想，总想要归老故乡，而尸棺在千里之外，亦要运归埋葬。此于远适异域，建立功业，从事拓殖，颇有些阻碍。羁旅之人，遇见同乡，亦觉得特别亲近，只看各地会馆的林立，便可知道，此于国族的大团结，亦颇有妨碍。后来旅外的华侨，虽在异国，仍因乡贯分帮，即其一证。

中国人是现实主义的，不甚迷信宗教。其故：因自汉以后，儒教盛行，儒教的宗旨，系将已往的时代，分为三阶段。（1）在部族公产之世，社会内部，绝无矛盾，对外亦无争斗，谓之大同。（2）及封建时代，此等美妙的文化，业经过去了，然大同时代的规制，仍有存留。社会内部的矛盾，还不甚深刻，是为小康。大同、小康之名，见于《礼记·礼运》。（3）其第三个时期，没有提及，我们只得借《春秋》中的名词，称之为乱世了。《春秋》二百四十二年，分为三世：（1）据乱而作，（2）进于升平，（3）再进于太平，明是要把世运逆挽至小康，再挽之大同的。太平大同的意义，后世已无人能解，小康之义，儒书传者较详，后人都奉为治化的极则。其实儒家的高义，并不止此。其说法，还是注重于社会组织的。想把事务件件处置得妥帖，使人养生送死无憾。儒教盛行，大家所希望的，都在现世，都可以人力致之。所以别种宗教，所希望的未来世界，或别一世界，靠他力致之的，在中国不能甚占势力。虽然如此，人对现世的觖望，总是不能无有的，于是有道、佛二教，以弥补其空隙。（1）儒教的善恶报应，是限于现世的，延长之则及于子孙，这往往没有应验，不能使求报的人满足。佛教乃延长其时间而说轮回，另辟一空间而说净土，使人不致失望。（2）高深的哲学，在中国是不能发达的，佛教则极为发达，可以满足一部分人的求知欲。（3）其随时随地，各有一神以临之，或则系属善性，而可以使人祈求；或则系属恶性，而可以使人畏怖；则自古以来，此等迷信的对象本甚多，即后来亦有因事而发生的，都并入于道教之中。前者如各地方的土地、山川之神；后者如后世货币用弘，则发生财神，天痘传染，则发生痘神等是。中国宗教，发达至此，已完全具足，所以再有新宗教输入，便不易盛行。

以上所说，系就通常情形立论。若在社会秩序特别不安定之时，亦有借宗教以资煽惑的，则其宗教，迷信的色彩，必较浓厚，而其性质，亦不如平时的宗教的平和，历代丧乱时所谓邪教者都是。

以上是中国政治和社会的轮廓。总而言之：

（1）当时中国的政治，是消极性的，在闭关时代，可以苟安，以应付近世列国并立的局面则不足。

（2）当时中国的人民和国家的关系是疏阔的，社会的规则都靠相沿的习惯维持，所以中国人民无其爱国观念，要到真有外族侵入时，才能奋起而与国家一致。

（3）中国社会的风俗习惯，都是中国社会的生活情形所规定的，入近世期以后，生活情形变，风俗习惯亦不得不变。但中国疆域广大，各地方的生活，所受新的影响不一致，所以其变的迟速，亦不能一致，而积习既深，变起来自然也有相当的困难。

（选自《吕思勉文集·中国近代史八种·中国近世史前编》第一、二章）

自述学习历史之经过*

一　少时得益于父母师友

《堡垒》的编者，嘱我撰文一篇，略述自己学习历史的经过，以资今日青年的借鉴。我的史学，本无足道；加以现在治史的方法，和从前不同，即使把我学习的经过，都说出来，亦未必于现在的青年有益。所以我将此题分为两橛，先略述我学习的经过，再略谈现在学习的方法。

我和史学发生关系，还远在八岁的时候。我自能读书颇早，这一年，先母程夫人，始取《纲鉴正史约编》，为我讲

---

* 本文选自《蒿庐问学记》。收入时有编者按：吕思勉先生一九四一年应上海《中美日报》《堡垒》副刊编者之请，在该刊的《自学讲座》内，接连发表了四篇文章，详细记述早年受教育经过。现将全文载后。《自述学习历史之经过》这个标题是编者加的，四个小题是原有的。

解，先母无暇时，先姊颂宜（讳永萱），亦曾为我讲解过。约讲至楚汉之际。我说：我自己会看了，于是日读数页。约读至唐初，而从同邑魏少泉先生（景徵）读书。先生命我点读《纲鉴易知录》，《约编》就没有再看下去。《易知录》是点读完毕的。十四岁，值戊戌变法之年，此时我已能作应举文字。八股既废，先师族兄少木先生（讳景栅）命我点读《通鉴辑览》，约半年而毕。当中日战时，我已读过徐继畬的《瀛环志略》，并翻阅过魏默深的《海国图志》，该两书中均无德意志之名，所以竟不知德国之所在，由今思之，真觉得可笑了。是年，始得邹沅帆的《五洲列国图》，读日本冈本监辅的《万国史记》，蔡尔康所译的《泰西新史揽要》，及王韬的《普法战纪》。黄公度的《日本国志》，则读而未完，是为我略知世界史之始。明年，出应小试，徼幸入学。先考誉千府君对我说：你以后要多读些书，不该兢兢于文字之末了。我于是又读《通鉴》和毕沅的《续通鉴》，陈克家的《明纪》，此时我读书最勤，读此三书时，一日能尽十四卷，当时茫无所知，不过读过一遍而已。曾以此质诸先辈，先辈说："初读书时，总是如此，读书是要自己读出门径来的，你读过两三千卷书，自然自己觉得有把握，有门径。初读书时，你须记得《曾文正公家书》里的话：'读书如略地，但求其速，勿求其精。’”我谨受其教，读书不求甚解，亦不求其记得，不过读过就算而已。十七岁，始与表兄管达如（联第）相见，达如为吾邑名宿谢钟英先生之弟子，因此得交先生之子利恒（观），间接得闻先生之绪论。先生以考证著名，尤长于地理，然我间接得先生之益的，却不在其考证，而在其论事之深刻。我后来读史，颇能将当世之事，与历史上之事实互勘，而不为表面的记载所囿，其根基实植于此时。至于后来，则读章太炎、严几道两先生的译著，受其启发亦非浅。当世之所以称严先生者为译述，称章先生为经学，为小学，为文学，以吾观之，均不若其议论能力求覈实之可贵。

苏常一带读书人家，本有一教子弟读书之法，系于其初能读书时，使其阅《四库全书总目提要》一过，使其知天下（当时之所谓天下）共有学问若干种？每种的源流派别如何？重要的书，共有几部？实不啻于读书之前，使其汎滥一部学术史，于治学颇有裨益。此项功夫，我在十六七岁时亦做过，经、史、子三部都读完，惟集部仅读一半。我的学问，所以不至十分固陋，于此亦颇有关系。（此项功夫，现在的学生，亦仍可做，随意浏览，一暑假中可毕。）

十七岁这一年，又始识同邑丁桂徵先生（同绍）。先生之妻，为予母之从姊。先生为经学名家，于小学尤精熟，问以一字，随手检出《说文》和《说文》以后的字书，比我们查字典还要快。是时吾乡有一龙城书院，分课古经，舆地，天算，词章。我有一天，做了一篇经学上的考据文字，拿去请教先生，先生指出我对于经学许多外行之处，因为我略讲经学门径，每劝我读《说文》及《注》《疏》。我听了先生的话，乃把《段注说文》阅读一过，又把《十三经注疏》亦阅读一过，后来治古史略知运用材料之法，植基于此。

二　我学习历史的经过

我少时所得于父母师友的，略如上述。然只在技术方面；至于学问宗旨，则反以受莫不相识的康南海先生的影响为最深，而梁任公先生次之。这大约是性情相近之故罢！我的感情是强烈的，而我的见解，亦尚通达，所以于两先生的议论，最为投契。我的希望，是世界大同，而我亦确信世界大同之可致，这种见解，实植根于髫年读康先生的著作时，至今未变。至于论事，则极服膺梁先生，而康先生的上书记，（康先生上书，共有七次。第一至第四书，合刻一本，第五、第七各刻一本，惟第六书未曾刊行。）我亦受其影响甚深。当时的风气，是没有现在分门别类的科学的，一切政治上社会上的问题，读书的人，都该晓得一个大概，这即是当时的所谓“经济之学”。我的性质，亦是喜欢走这一路的，时时翻阅《经世文编》一类的书，苦于掌故源流不甚明白。十八岁，我的姨丈管凌云先生（讳元善），即达如君之父，和汤蛰仙先生同事，得其书《三通考辑要》，劝我阅读。我读过一两卷，大喜，因又求得《通考》原本，和《辑要》对读，以《辑要》为未足，乃舍《辑要》而读原本。后来又把《通典》和《通考》对读，并读过通志的二十略。此于我的史学，亦极有关系。人家都说我治史喜欢讲考据，其实我是喜欢讲政治和社会各问题的，不过现在各种社会科学，都极精深，我都是外行，不敢乱谈，所以只好讲讲考据罢了。

年二十一岁，同邑屠敬山先生（寄）在读书阅报社讲元史，我亦曾往听，先生为元史专家，考据极精细，我后来颇好谈民族问题，导源于此。

我读正史，始于十五岁时，初取《史记》照旧方评点，用五色笔照录一次，后又向丁桂徵先生借得前后《汉书》评本，照录一过。《三国志》则未得评本，仅自己点读一过，都是当作文章读的，于史学无甚裨益。我此时并读《古文辞类纂》和王先谦的《续古文辞类纂》，对于圈点，相契甚深。我于古文，虽未致力，然亦略知门径，其根基实植于十五岁、十六岁两年读此数书时。所以我觉得要治古典文学的人，对于前人良好的圈点，是极需颇殷的。古文评本颇多，然十之八九，大率俗陋，都是从前做八股文字的眼光，天分平常的人，一入其中，即终身不能自拔。如得良好的圈点，用心研究，自可把此等俗见，袪除净尽，这是枝节，现且不谈。四史读过之后，我又读《晋书》《南史》《北史》《新唐书》《新五代史》，亦如其读正续《通鉴》及《明纪》然，仅过目一次而已。听屠先生讲后，始读辽、金、元史，并得其余诸史补读。第一次读遍，系在二十三岁时，正史是最零碎的，匆匆读过，并不能有所得，后来用到时，又不能不重读。人家说我正史读过遍数很多，其实不然，我于四史，《史记》《汉书》《三国志》，读得最多，都曾读过四遍。《后汉书》《新唐书》《辽史》《金史》《元史》三遍，其余都只两遍而已。

我治史的好讲考据，受《日知录》《廿二史劄记》两部书，和梁任公先生在杂志中发表的论文，影响最深。章太炎先生的文字，于我亦有相当影响；亲炙而受其益的，则为丁桂徵、屠敬山两先生。考据并不甚难，当你相当的看过前人之作，而自己读史又要去推求某一事件的真相时，只要你肯下功夫去搜集材料，材料搜集齐全时，排比起来，自然可得一个结论。但是对于群书的源流和体例，须有常识。又什么事件其中是有问题的，值得考据，需要考据，则是由于你的眼光而决定。涉猎的书多了，自然读一种书时，容易觉得有问题，所以讲学问，根基总要相当的广阔，而考据成绩的好坏，并不在于考据的本身。最要不得的，是现在学校中普通做论文的方法，随意找一个题目，甚而至于是人家所出的题目。自己对于这个题目，本无兴趣，自亦不知其意义，材料究在何处，亦茫然不知，于是乎请教先生，而先生亦或是一知半解的，好的还会举出几部书名来，坏的则不过以类书或近人的著作塞责而已。（以类书为线索，原未始不可，若径据类书撰述，就是笑话了。）不该不备，既无特见，亦无体例，聚集钞撮，不过做一次高等的钞胥工作。做出来的论文，既不成其为一物，而做过一次，于研究方法，亦毫无所得，小之则浪费笔墨，大之则误以为所谓学问，所谓著述，就是如此而已，则其贻害之巨，有不忍言者已。此亦是枝节，搁过不谈。（此等弊病，非但中国如此，即外国亦然。抗战前上海《大公报》载有周太玄先生的通信，曾极言之。）

三　社会科学是史学的根基

我学习历史的经过，大略如此，现在的人，自无从再走这一条路。史学是说明社会之所以然的，即说明现在的社会为什么成为这个样子。对于现在社会的成因，既然明白，据以推测未来，自然可有几分用处了。社会的方面很多，从事于观察的，便是各种社会科学。前人的记载，只是一大堆材料。我们必先知观察之法，然后对于其事，乃觉有意义，所以各种社会科学，实在是史学的根基，而尤其是社会学。因为社会是整个的，所以分为各种社会科学，不过因一人的能力有限，分从各方面观察，并非其事各不相干，所以不可不有一个综合的观察。综合的观察，就是社会学了。我尝觉得中学以下的讲授历史，并无多大用处。历史的可贵，并不在于其记得许多事实，而在其能据此事实，以说明社会进化的真相。根据于事实，以说明社会进化的真相，非中学生所能；若其结论系由教师授与，则与不授历史何异？所以我颇主张中学以下的历史，改授社会学，而以历史为其注脚，到大学以上，再行讲授历史。此意在战前，曾在《江苏教育》上发表过，未能引起人们的注意。然我总觉得略知社会学的匡廓，该在治史之先。

至于各种社会科学，虽非整个的，不足以揽其全，亦不可以忽视。为什么呢？大凡一个读书的人，对于现社会，总是觉得不满足的，尤其是社会科学家，他必先对于现状，觉得不满，然后要求改革；要求改革，然后要想法子；要想法子，然后要研究学问。若其对于现状，本不知其为好为坏，因而没有改革的思想；又或明知其不好，而只想在现状之下，求个苟安，或者捞摸些好处，因而没有改革的志愿，那还讲学问做什么？所以对于现状的不满，乃是治学问者尤其是社会科学者真正的动机。此等愿望，诚然是社会进步的根原；然欲遂行改革，非徒有热情，便可济事，必须有适当的手段，而这适当的手段，就是从社会科学里来的。社会的体段太大了，不像一件简单的物事，显豁呈露的摆在我们面前，其中深曲隐蔽之处很多，非经现代的科学家，用科学方法，仔细搜罗，我们根本还不知道有这回事，即使觉得有某项问题，亦不会知其症结之所在。因而我们想出来的对治的方法，总像斯宾塞在《群学肄言》里所说的：看见一个铜盘，正面凹了，就想在反面凸出处打击一下，自以为对症发药，而不知其结果更坏。发行一种货币，没有人肯使用，就想用武力压迫，就是这种见解最浅显的一个例子。其余类此之事还很多，不胜枚举，而亦不必枚举。然则没有科学上的常识，读了历史上一大堆事实的记载，又有何意义呢？不又像我从前读书，只是读过一遍，毫无心得了么？所以治史而又能以社会科学为根柢，至少可以比我少花两三年功夫，而早得一些门径。这是现在治史学的第一要义，不可目为迂腐而忽之。

对于社会科学，既有门径，即可进而读史，第一步，宜就近人所著之书，拣几种略读，除本国史外，世界各国的历史，亦须有一个相当的认识；因为现代的历史，真正是世界史了，任何一国的事实，都不能撇开他国而说明。既然要以彼国之事，来说明此国之事，则对于彼国既往的情形，亦非知道大概不可。况且人类社会的状态，总是大同小异的：其异，乃由于环境之殊，比如夏葛而冬裘，正因其事实之异，而弥见其原理之同。治社会科学者，最怕的是严几道所说的“国拘”，视自己社会的风俗制度为天经地义，以为只得如此，至少以为如此最好。此正是现在治各种学问的人所应当打破的成见，而广知各国的历史，则正是所以打破此等成见的，何况各国的历史，还可以互相比较呢？

四 职业青年的治学环境

专治外国史，现在的中国，似乎还无此环境。如欲精治中国史，则单看近人的著述，还嫌不够，因为近人的著述，还很少能使人完全满意的，况且读史原宜多觅原料，不过学问的观点，随时而异，昔人所欲知的，未必是今人所欲知，今人所欲知的，自亦未必是昔人所欲知。因此昔人著述中所提出的，或于我们为无益，而我所欲知的，昔人或又未尝提及。居于今日而言历史，其严格的意义，自当用现代的眼光，供给人以现代的知识，否则虽卷帙浩繁，亦只可称为史料而已。中国人每喜以史籍丰富自夸，其实以今日之眼光衡之，亦只可称为史料丰富。史料丰富，自然能给专门的史学家以用武之地，若用来当历史读，未免有些不经济，而且觉得不适合。但是现在还只有此等书，那也叫没法，我们初读的时候，就不得不多费些功夫。于此，昔人所谓门径是自己读出来的；读书之初，不求精详，只求捷速；读书如略地，非如攻城……仍有相当的价值。阅读之初，仍宜以编年史为首务，就《通鉴》一类的书中，任择一种，用走马看花之法，匆匆阅读一遍。此但所以求知各时代的大势，不必过求精细。做这一步功夫时，最好于历史地理，能够知道一个大概。这一门学问，现在亦尚无适当的书，可取《方舆纪要》，读其全书的总论和各省各府的总论。读时须取一种历史地图翻看。这一步功夫既做过，宜取《三通考》，读其田赋、钱币、户口、职役、征榷、市籴、土贡、国用、选举、学校、职官、兵、刑十三门。历史的根柢是社会，单知道攻战相杀的事是不够的，即政治制度，亦系表面的设施。政令的起原（即何以有此政令），及其结果（即其行与不行，行之为好为坏），其原因总还在于社会，非了解社会情形，对于一切史事，可说都不能真实了解的。从前的史籍，对于社会情形的纪述，大觉阙乏。虽然我们今日，仍可从各方面去搜剔出来，然而这是专门研究的事。在研究之初，不能不略知大概。这在旧时的史籍中，惟有叙述典章制度时，透露得最多。所以这一步工夫，于治史亦殊切要。此两步工夫都已做过，自己必已有些把握，其余一切史书，可以随意择读了。正史材料，太觉零碎，非已有主见的人，读之实不易得益，所以不必早读。但在既有把握之后读之，则其中可资取材之处正多。正史之所以流传至今，始终被认为正史者，即由其所包者广，他书不能替代之故。但我们之于史事，总只能注意若干门，必不能无所不包。读正史时，若能就我们所愿研究的事情，留意采取，其余则只当走马看花，随读随放过，自不虑其茫无津涯了。

考据的方法，前文业经略说，此中惟古史最难。因为和经子都有关涉，须略知古书门径，此须别为专篇乃能详论，非此处所能具陈。

学问的门径，所能指出的，不过是第一步。过此以往，就各有各的宗旨，各有各的路径了。我是一个专门读书的人，读书的工夫，或替比一般人多些，然因未得门径，绕掉的圈儿，亦属不少。现在讲门径的书多了，又有各种新兴的科学为辅助，较诸从前，自可事半功倍。况且学问在空间，不在纸上，读书是要知道宇宙间的现象，就是书上所说的事情；书上所说的事情，也要把他转化成眼前所见的事情。如此，则书本的记载，和阅历所得，合同而化，才是真正的学问。昔人所谓“世事洞明皆学问，人情练达即文章”，其中确有至理。知此理，则阅历所及，随处可与所治的学问相发明，正不必兢兢于故纸堆申讨生活了。所以职业的青年，治学的环境，未必较专门读书的青年为坏，此义尤今日所不可不知。

国家新闻出版广电总局
首届向全国推荐中华优秀传统文化普及图书

‖大家小书书目

经典常谈	朱自清　著
语言与文化	罗常培　著
习坎庸言校正	罗　庸　著　杜志勇　校注
鸭池十讲（增订本）	罗　庸　著　杜志勇　编订
古代汉语常识	王　力　著
国学概论新编	谭正璧　编著
文言尺牍入门	谭正璧　著
日用交谊尺牍	谭正璧　著
敦煌学概论	姜亮夫　著
训诂简论	陆宗达　著
金石丛话	施蛰存　著
常识	周有光　著　叶　芳　编
文言津逮	张中行　著
中国字典史略	刘叶秋　著

古典目录学浅说　　来新夏　著
闲谈写对联　　白化文　著
怎样使用标点符号（增订本）　　苏培成　著

诗境浅说　　俞陛云　著
唐五代词境浅说　　俞陛云　著
北宋词境浅说　　俞陛云　著
南宋词境浅说　　俞陛云　著
人间词话新注　　王国维　著　滕咸惠　校注
苏辛词说　　顾　随　著　陈　均　校
诗论　　朱光潜　著
唐诗杂论　　闻一多　著
诗词格律概要　　王　力　著
唐宋词欣赏　　夏承焘　著
槐屋古诗说　　俞平伯　著
词学十讲　　龙榆生　著
词曲概论　　龙榆生　著
中国古典诗歌讲稿　　浦江清　著
浦汉明　彭书麟　整理

唐人绝句启蒙	李霁野　著
唐宋词启蒙	李霁野　著
古典文学略述	王季思　著　王兆凯　编
古典戏曲略说	王季思　著　王兆凯　编
唐宋词概说	吴世昌　著
宋词赏析	沈祖棻　著
道教徒的诗人李白及其痛苦	李长之　著
闲坐说诗经	金性尧　著
陶渊明批评	萧望卿　著
舒芜说诗	舒　芜　著
名篇词例选说	叶嘉莹　著
唐诗纵横谈	周勋初　著
楚辞讲座	汤炳正　著 汤序波　汤文瑞　整理
好诗不厌百回读	袁行霈　著
山水有清音 ——古代山水田园诗鉴要	葛晓音　著

门外文谈	鲁　迅　著
我的杂学	周作人　著　张丽华　编
论雅俗共赏	朱自清　著
文学概论讲义	老　舍　著
中国文学史导论	罗　庸　著　杜志勇　辑校
给少男少女	李霁野　著
鲁迅批判	李长之　著
英美现代诗谈	王佐良　著　董伯韬　编
三国谈心录	金性尧　著
夜阑话韩柳	金性尧　著
英语学习	李赋宁　著
漫谈西方文学	李赋宁　著
历代笔记概述	刘叶秋　著
笔祸史谈丛	黄　裳　著
古典诗文述略	吴小如　著
有琴一张	资中筠　著
鲁迅作品细读	钱理群　著
唐宋八大家 ——古代散文的典范	葛晓音　选译

红楼梦考证	胡　适　著
《水浒传》与中国社会	萨孟武　著
《西游记》与中国古代政治	萨孟武　著
《红楼梦》与中国旧家庭	萨孟武　著
《金瓶梅》人物	孟　超　著　张光宇　绘
水泊梁山英雄谱	孟　超　著　张光宇　绘
《红楼梦》探源	吴世昌　著
《西游记》漫话	林　庚　著
细说红楼	周绍良　著
红楼小讲	周汝昌　著　周伦玲　整理
曹雪芹的故事	周汝昌　著　周伦玲　整理
古典小说漫稿	吴小如　著
三生石上旧精魂——中国古代小说与宗教	白化文　著
《金瓶梅》十二讲	宁宗一　著
古体小说论要	程毅中　著
近体小说论要	程毅中　著
文学的阅读	洪子诚　著
中国戏曲	么书仪　著

中国史学入门	顾颉刚 著 何启君 整理
秦汉的方士与儒生	顾颉刚 著
三国史话	吕思勉 著
史学要论	李大钊 著
中国近代史	蒋廷黻 著
民族与古代中国史	傅斯年 著
五谷史话	万国鼎 著 徐定懿 编
民族文话	郑振铎 著
史料与史学	翦伯赞 著
唐代社会概略	黄现璠 著
清史简述	郑天挺 著
两汉社会生活概述	谢国桢 著
中国文化与中国的兵	雷海宗 著
两宋史纲	张荫麟 著
明史简述	吴 晗 著
北宋政治改革家王安石	邓广铭 著
从紫禁城到故宫——营建、艺术、史事	单士元 著
史学遗产六讲	白寿彝 著

司马迁之人格与风格	李长之　著
司马迁	季镇淮　著
唐王朝的崛起与兴盛	汪　篯　著
二千年间	胡　绳　著
论三国人物	方诗铭　著
考古发现与中西文化交流	宿　白　著
中国古代国家的历史特征	张传玺　著
艺术、神话与祭祀	张光直　著
	刘　静　乌鲁木加甫　译
中国古代衣食住行	许嘉璐　著
中国古代史学十讲	瞿林东　著
黄宾虹论画	黄宾虹　著
中国绘画史	陈师曾　著
和青年朋友谈书法	沈尹默　著
中国画法研究	吕凤子　著
桥梁史话	茅以升　著
中国戏剧史讲座	周贻白　著
俞平伯说昆曲	俞平伯　著　陈　均　编

新建筑与流派　　童　寯　著

论园　　童　寯　著

拙匠随笔　　梁思成　著　林　洙　编

中国建筑艺术　　梁思成　著　林　洙　编

沈从文讲文物　　沈从文　著　王　风　编

中国画的艺术　　徐悲鸿　著　马小起　编

中国绘画史纲　　傅抱石　著

中国舞蹈史话　　常任侠　著

海上丝路与文化交流　　常任侠　著

世界美术名作二十讲　　傅　雷　著

中国画论体系及其批评　　李长之　著

金石书画漫谈　　启　功　著　赵仁珪　编

吞山怀谷
——中国山水园林的艺术　　汪菊渊　著

中国古代音乐与舞蹈　　阴法鲁　著　刘玉才　编

梓翁说园　　陈从周　著

旧戏新谈　　黄　裳　著

民间年画十五讲　　王树村　著　姜彦文　编

民间美术与民俗　　王树村　著　姜彦文　编

长城史话	罗哲文　著
中国古园林概说	罗哲文　著
现代建筑奠基人	罗小未　著
世界桥梁趣谈	唐寰澄　著
如何欣赏一座桥	唐寰澄　著
桥梁的故事	唐寰澄　著
园林的意境	周维权　著
万方安和 ——皇家园林的故事	周维权　著
现代建筑的故事	吴焕加　著
中国古代建筑概说	傅熹年　著
国学救亡讲演录	章太炎　著　蒙　木　编
简易哲学纲要	蔡元培　著
大学教育	蔡元培　著 北大元培学院　编
老子、孔子、墨子及其学派	梁启超　著
中国政治思想史	吕思勉　著
天道与人文	竺可桢　著　施爱东　编

春秋战国思想史话	嵇文甫　著	
晚明思想史论	嵇文甫　著	
新人生论	冯友兰　著	
中国哲学与未来世界哲学	冯友兰　著	
谈美书简	朱光潜　著	
中国古代心理学思想	潘　菽　著	
民俗与迷信	江绍原　著	陈泳超　整理
佛教基本知识	周叔迦　著	
儒学述要	罗　庸　著	杜志勇　整理
希腊漫话	罗念生　著	
佛教常识答问	赵朴初　著	
大一统与儒家思想	杨向奎　著	
孔子的故事	李长之　著	
西洋哲学史	李长之　著	
乡土中国	费孝通　著	
社会调查自白	费孝通　著	
经学常谈	屈守元　著	
墨子与墨家	任继愈　著	
汉化佛教与佛寺	白化文　著	
中西之交	陈乐民　著	

出版说明

“大家小书”多是一代大家的经典著作，在还属于手抄的著述年代里，每个字都是经过作者精琢细磨之后所拣选的。为尊重作者写作习惯和遣词风格、尊重语言文字自身发展流变的规律，为读者提供一个可靠的版本，“大家小书”对于已经经典化的作品不进行现代汉语的规范化处理。

提请读者特别注意。

北京出版社